Kalorien-Kompaß

Dickmachern auf der Spur

D1513155

Aktualisierte Neuausgabe 1996
© 1992 Gräfe und Unzer Verlag GmbH, München
Alle Rechte vorbehalten. Nachdruck, auch auszugsweise, sowie Verbreitung durch Film, Funk und Fernsehen, durch fotomechanische Wiedergabe, Tonträger und Datenverarbeitungssysteme jeder Art nur mit schriftlicher Genehmigung des Verlages.
Bearbeitung: Katrin Klever-Schubert
Redaktion: Friedrich Bohlmann
Fotos: Reiner Schmitz (Food-Styling: Rudolf Vornehm):
  Umschlag Vorder- und Rückseite;
  Kai Stiepel, Studio Schmitz: S. 125–127; Teubner: S. 128
Gestaltung: independent, Horst Moser
Produktion: Helmut Giersberg
Satz: Filmsatz Schröter GmbH, München
Druck und Bindung: Printer, Trento
ISBN 3-7742-3132-X

Auflage 5. 4. 3. 2.
Jahr   2000 99 98 97

TEIL 1

Schlank werden und bleiben

TEIL 2

Kalorien-/Joule-Tabelle

Ein Wort zuvor

Haben Sie sich vorgenommen, in Zukunft kalorienbewußter zu essen? Dann wird Ihnen Klevers Kalorien-Joule-Kompaß eine große Hilfe sein. Über eine Million Benutzer haben bisher damit erfolgreich gelernt, Kalorien einzusparen und überflüssige Pfunde loszuwerden – das beweisen unzählige Zuschriften an Autor und Verlag.

Das Kalorienbewußtsein beginnt beim Einkauf. Mit dem Kompaß als Begleiter und Ratgeber werden Sie feststellen, daß zum Beispiel Sahnequark mehr als doppelt so viele Kalorien hat wie Magerquark. Und auch beim Kochen und Zubereiten erfahren Sie, daß eine Menge Fett einzusparen ist. So liefert beispielsweise der eine Eßlöffel Öl, den Sie der Salatsauce zugeben, mehr Kalorien als die ganze Schüssel Blattsalat. Mit dem entsprechenden Wissen werden Sie künftig auf kalorienreiche Beilagen leichter verzichten können.

Wollen Sie nur ganz einfach über die Energiewerte von Lebensmitteln Bescheid wissen? Möchten Sie Ihr Gewicht halten und deshalb kalorienbewußt essen? Oder haben Sie sich vorgenommen, abzunehmen? *Klevers Kalorien-Joule-Kompaß* ist in jedem Fall der ideale Ratgeber und die optimale Hilfe. Hier haben Sie alle Werte übersichtlich und schnell zur Hand.

Halten Sie sich an Nahrungsmittel, die reich an wertvollen Kohlenhydraten sind, verbunden mit Ballaststoffen (B), Mineralstoffen (M) und Vitaminen (V), wie etwa Vollkornbrot. Und wählen Sie gezielt eiweißreiche Produkte (E), die wenig Fett (F) enthalten. Beim isolierten Kohlenhydrat Zucker (K) ist genauso wie bei den Fetten Vorsicht geboten.

So helfen Ihnen die Tabellen

Diese Neuausgabe ist eine vollständige Überarbeitung und wesentliche Erweiterung der bislang schon sehr erfolgreichen Sammlung von Lebensmitteln und Getränken mit ihren Kalorien-Joule-Angaben. Die nunmehr über 7000 Werte sind zusammengefaßt in der Tabelle

• Nahrungsmittel und Getränke von A bis Z
(Seiten 18 bis 124)

Sie finden darin sowohl Werte der Grundnahrungsmittel, als auch von Vollwertprodukten, Delikatessen, exotischen Früchten und Gemüsen, neuesten Produkten der Lebensmittelindustrie und von alkoholischen und alkoholfreien Getränken.

Auf Wunsch vieler Leser wurde die Liste der Eissorten und Süßigkeiten erweitert. Bei Bonbons, die Sie nicht in der Tabelle finden, können Sie einfach den Energiewert von Zucker nehmen.

Für jedes Lebensmittel und jedes Getränk sind exakte Mengen ausgewiesen; nur so ist eine genaue Kalorien-Berechnung möglich.

Falls Sie doch das eine oder andere Nahrungsmittel nicht finden, können Sie den Wert vergleichbarer Lebensmittel oder Gerichte einsetzen.

In der Tabelle sind nach wie vor Bezeichnungen für Lebensmittel enthalten, die in Österreich und der Schweiz gebräuchlich sind oder sich in den deutschen Landschaften unterscheiden.

Und noch etwas sollten Sie wissen: Dem Alltagsgebrauch entsprechend, stehen die Kalorien- vor den Joule-Angaben. Wenn ich von *Kalorien* und *Joule* spreche, meine ich selbstverständlich *Kilokalorien* und *Kilojoule* (Seite 5).

Bleiben Sie bei einer Tabelle

Wenn Sie andere Kalorien-Joule-Tabellen anschauen, werden Sie vielleicht eine Abweichung der Werte feststellen. Sie sind zum einen Ergebnisse unterschiedlicher Untersuchungsmethoden und chemischer Analysen; zum anderen sind die untersuchten Produkte nicht identisch. Gravierend sind die Unterschiede kaum. Sie dürfen nur eines nicht machen: mehrere Tabellen gleichzeitig benutzen und sich überall die niedrigsten Werte heraussuchen. Denn dann betrügen Sie sich selbst. Wenn Sie nur *Klevers Kalorien-Joule-Kompaß* benutzen, werden Sie den gleichen Erfolg haben wie schon über eine Million ernährungsbewußte Leser vor Ihnen!

So behalten Sie den Überblick über Ihren Kalorienverbrauch

- Nehmen Sie die dem Kalorien-Joule-Kompaß beiliegende persönliche Kalorien-Übersicht zur Hand.
- Tragen Sie zunächst oben rechts den Monats ein, in dem Sie Ihre Kontrolle beginnen, Ihr derzeitiges Gewicht und Ihr Zielgewicht.
- Ziehen Sie einen dicken senkrechten Strich auf der Tabelle bei der Kalorienzahl, die Sie sich für Ihr persönliches Abnahmeprogramm zugebilligt haben, etwa bei 1200 Kalorien. Der besseren Übersichtlichkeit wegen »arbeiten« Sie hier nur mit Kalorienzahlen.
- Tragen Sie für jeden Tag in den Kästchen von links nach rechts die Kaloriensumme der Lebensmittel ein, die Sie zu sich genommen haben, am besten mit Strichen oder Kreuzen. Ein Kästchen entspricht 100 Kalorien.
- Notieren Sie jeden Tag in der letzten Spalte Ihr Gewicht, das Sie morgens unbekleidet und vor dem Frühstück auf der Waage feststellen.

- Verbinden Sie die von Ihnen angestrichenen Kästchen durch eine Linie miteinander.

Nach einigen Tagen ergibt sich eine Kurve. Bleibt sie vor der von Ihnen mit senkrechtem Strich markierten »Soll-Linie« oder stimmt sie mit ihr überein, sind Sie konsequent und werden beim Abnehmen Erfolg haben. Überschreitet die Kurve Ihre Soll-Linie laufend, ist der Abnehmerfolg gleich Null. Nehmen Sie aber trotzdem ab, hatten Sie Ihre Soll-Linie zu niedrig festgesetzt.

Welches ist das richtige Gewicht?

Die Frage nach dem richtigen Gewicht kann man weder exakt noch allgemeinverbindlich beantworten, da das Gewicht von vielen Faktoren abhängig ist. So spielen zum Beispiel Körperbau und Muskelmasse eine wichtige Rolle.

Vergleicht man die gängigen Berechnungsmethoden, so muß man feststellen, daß die Grenze zwischen Normalgewicht und Übergewicht keineswegs klar gezogen werden kann.

Das Normalgewicht – eine einfache Formel

Die bekannteste Methode zur Beurteilung des Gewichts, die auch ich meinem persönlichen Schlankheitsprogramm zugrunde gelegt habe, ist die Broca-Formel. Sie ist nach dem französischen Anthropologen und Arzt Paul Broca benannt und funktioniert folgendermaßen: Ziehen Sie von Ihrer Körpergröße in Zentimetern 100 ab – so kommen Sie auf Ihr Normalgewicht (in Kilogramm). Eine Frau mit 170 Zentimetern Körpergröße dürfte demzufolge 70 Kilo wiegen.

Das Übergewicht – die Grenzen sind fließend

Wird das berechnete Normalgewicht um 20 Prozent überschritten, so spricht die Fachwelt übereinstimmend von Fettsucht, der extremsten Form des Übergewichts. Ab diesem Gewicht fallen in der Regel auch andere medizinische Beurteilungsgrößen wie Cholesterinspiegel oder Blutdruck zu hoch aus und bilden somit ein Risikopotential für die Gesundheit. Hier ist Abnehmen auf alle Fälle notwendig. Im oben genannten Beispiel hätte die Frau die Fettsucht-Grenze bei einem Gewicht von 84 kg erreicht. Für Männer gilt diese Berechnungsmethode ebenso.

Das Wohlfühlgewicht – eine ganz persönliche Sache

Der Bereich zwischen diesen beiden Eckpunkten Normalgewicht – Fettsucht, bietet immer wieder Zündstoff für Kontroversen. Genaugenommen fällt nämlich jeder Wert zwischen 70 und 84 kg in den Übergewichtsbereich. Noch vor einigen Jahren wurde Normalgewicht als unbedingte Voraussetzung für Gesundheit erachtet. Heute hält man Abnehmen im Übergewichtsbereich nur noch dann für nötig, wenn andere Beurteilungsgrößen, wie Blutdruck, Blutfettwerte usw., ungünstig ausfallen. Das ist auch gut so, denn das Gewicht ist, wie gesagt, etwas ganz Persönliches; der eine fühlt sich mit ein paar Kilo über seinem Normalgewicht recht wohl, dem anderen ist es erst bei einigen Kilo unter dem Normalgewicht behaglich. Ärzte sind heute der Ansicht, daß einige Kilo über das Normalgewicht hinaus erlaubt sind, wenn man sich damit wohl fühlt. »Sich wohl fühlen« ist ein ausgesprochen subjektives Empfinden. Nach Meinung der Ärzte ist das »Wohlfühlgewicht« das gesunde Gewicht, das Herz- und Kreislauf nicht belastet, die Beweglichkeit nicht einschränkt und den Stoffwechsel nicht entgleisen läßt.

Bestimmen Sie im Zweifelsfall zusammen mit Ihrem Arzt das Gewicht, das Sie entweder halten oder erreichen sollten, damit Sie sich körperlich und nicht zuletzt auch seelisch wohl fühlen.

Wieviel Kalorien brauchen Sie?

Jeder Mensch braucht Energie, um leben zu können. Diese Energie gewinnt unser Körper aus der Nahrung. Er wandelt sie in Wärme um, damit die Körpertemperatur ständig bei etwa 37 °C liegt, oder in Elektrizität, damit das Nervensystem funktioniert. Die aufgenommene Energie ist auch Voraussetzung für die Bewegungsenergie, damit wir laufen, zupacken und atmen können. Die Umwandlung der Nahrung in Energie erfolgt im Körper durch einen Verbrennungsprozeß, den man Stoffwechsel nennt.

Die wichtigsten Energielieferanten

Die drei Grundnährstoffe *Fett*, *Eiweiß* (Protein) und *Kohlenhydrate* liefern die Energie. *Vitamine* und *Mineralstoffe* bringen zwar keine Energie, sind aber für die Steuerung unseres Stoffwechsels und die Erhaltung bestimmter Körpersubstanzen ebenfalls lebensnotwendig. Geben wir einem Ofen mehr Kohle als nötig, strahlt er entsprechend mehr Hitze aus und beginnt schließlich zu glühen. Wenn wir unseren Körper überfüttern, ihm also mehr Energie zuführen, als er braucht, werden wir weder heißer, noch platzen wir vor Energie. Vielmehr verwandelt der Körper ein Zuviel an Energie, sprich Kalorien, in Depotfett. Dieses Fett wird in Fettpölsterchen angelegt und stellt für den Körper eine stille Energiereserve dar. Zu viele Kalorien machen auf diese Weise dick.

Was ist eine Kalorie?

Die Nahrungsmittel werden nach ihrem Energiewert (Brennwert) gemessen und berechnet. Die Maßeinheiten dafür sind die *Kilokalorie* beziehungsweise das *Kilojoule*. Wer es genau wissen möchte: 1 Kilokalorie entspricht der Energiemenge, die nötig ist, um 1 Liter Wasser um 1 °C zu erwärmen. 1 Kilojoule ist jene Energie, die aufgewendet werden muß, um die Masse von 1 Kilogramm gegen eine Kraft von 1 Newton um 1 Meter zu bewegen. 1 Kilokalorie entspricht 4,186 Kilojoule.

Bei den Grundnährstoffen hat Fett den höchsten Brennwert: pro Gramm 9,3 Kilokalorien (39 Kilojoule); Eiweiß und Kohlenhydrate sind mit 4,1 Kilokalorien pro Gramm (17 Kilojoule) gleichwertig.

Der tägliche Kalorien- beziehungsweise Energiebedarf setzt sich zusammen aus:

- dem Grundumsatz – der Energiemenge, mit der das Leben in Ruhestellung erhalten wird;
- dem Arbeitsumsatz (= Leistungsumsatz) – der Energiemenge, die der Körper für jede Form von Betätigung braucht;
- der Energie, die dem Körper für unvollständige Verdauung und durch gesteigerte Wärmeabstrahlung nach dem Genuß bestimmter Lebensmittel verlorengeht.

Man kann seinen Grundumsatz grob berechnen, indem man sein Normal-Körpergewicht in kg mit 24 multipliziert. Wer beispielsweise 60 kg hat, hat einen Grundumsatz von 1440 kcal. Der Grundumsatz verringert sich im Laufe des Lebens.

Für jede Bewegung benötigt der Körper zusätzliche Energie. Dieser zusätzliche Energiebedarf ist der Leistungs- oder Arbeitsumsatz.

Der letzte Posten des Energiebedarfs beträgt 12% der Summe aus Grundumsatz und Leistungsumsatz. Alle drei

Werte zusammen ergeben den persönlichen Gesamtener-
giebedarf.

Wenn Sie Ihren *Arbeitsumsatz* selbst errechnen möchten, kann Ihnen die Zusammenstellung auf Seite 14/15
eine Hilfe sein. Wissen Sie beispielsweise, daß Sie 60
Minuten Ski-Langlauf machen müssen, um eine Tafel
Schokolade »abzuarbeiten«?

Wenn Sie es sich leichter machen wollen, also gar nicht
rechnen möchten, können Sie für Ihren Kalorienbedarf
die in der Tabelle auf Seite 9 angegebenen Richtwerte als
Anhalt nehmen.

Nicht jedes Kilo, das die Waage weniger zeigt, bedeutet auch einen Verlust der Fettpölsterchen. Schwankun-
gen im Wasserhaushalt oder Unregelmäßigkeiten beim
Stuhlgang können zu Gewichtsschwankungen führen.
Um ein Kilogramm Fettgewebe abzunehmen, müssen Sie
ungefähr 6000 kcal einsparen.

Der tägliche Kalorienbedarf im Durchschnitt

	kcal		kJ	
	m	w	m	w
Säuglinge				
0 bis unter 4 Monate		550		2300
4 bis unter 12 Monate		800		3350
Kinder				
1 bis unter 4 Jahre		1300		5440
4 bis unter 7 Jahre		1800		7530
7 bis unter 10 Jahre		2000		8370
10 bis unter 13 Jahre	2250	2150	9410	9000
13 bis unter 15 Jahre	2500	2300	10460	9620
Jugendliche und Erwachsene				
15 bis unter 19 Jahre	3000	2400	12550	10040
19 bis unter 25 Jahre	2600	2200	10880	9200
25 bis unter 51 Jahre	2400	2000	10040	8370
51 bis unter 65 Jahre	1900	1700	7950	7110
Schwangere				
ab 4. Monat		+300		+1260
Stillende		bis +650		bis +2720

Die für Erwachsene angegebenen Werte gelten für Personen mit überwiegend sitzender Tätigkeit wie Arbeiten am Computer oder leichte Tätigkeiten im Haushalt.

Für Personen mit anstrengenderen Tätigkeiten müssen Zuschläge kalkuliert werden. Zum Beispiel für Hausfrauen mit größerem manuellen Aufwand, Verkäuferinnen, Anstreicher, Autoschlosser und ähnlich belastende Berufe: 500 kcal – 1200 kcal bzw. 2000 kJ – 5000 kJ.

Für Personen, die körperlich sehr schwer arbeiten müssen, wie Maurer, Masseure, Landwirte:
1000 kcal – 1600 kcal bzw. 4200 kJ – 6700 kJ.

(Quelle: Empfehlungen für die Nährstoffzufuhr, Deutsche Gesellschaft für Ernährung, DGE)

Kalorienverbrauch bei verschiedenen Tätigkeiten

D ie Tabelle zeigt Ihnen, wieviel Kalorien Ihr Körper bei verschiedenen Tätigkeiten verbraucht. Die Durchschnittswerte beziehen sich auf ein Körpergewicht von 65 kg und einen Zeitraum von 15 Minuten. Die angegebenen Lebensmittel liefern in etwa die Kalorienmenge, die Sie bei entsprechender Tätigkeit verbrauchen. Je nachdem wie intensiv Sie sich bewegen, können sich die vorgegebenen Werte verändern.

Tätigkeiten	Kalorien- verbrauch pro 15 min	Lebensmittel
Grundtätigkeiten		
Gehen, Asphaltstraße	78	100 g Erbsen, grün
Schlafen	0	
Sitzen	21	1 kleine Paprikaschote
Stehen, ruhig	24	10 Salzsticks
Beruf		
Schreiben	29	1 TL Honig
Schreibmaschine schreiben, elektrisch	27	2 Mandarinen
Haushalt		
Backen	35	3 Tomaten
Bügeln	62	1 kleiner Apfel
Einkaufen	60	100 g Johannisbeeren, schwarz
Kochen	44	1 Dominostein
Nähen	32	1 Scheibe Buttermilch-Knäckebrot
Reinigen allgemein	60	100 g Sauerkirschen
Streichen	33	1 Scheibe Knäckebrot

Tätigkeiten	Kalorien-verbrauch pro 15 min	Lebensmittel
Gartenarbeit		
Hecken schneiden	75	3 Aprikosen
Holz spalten	120	5 Butterkekse
Rasen mähen	110	100 g Shrimps
Musizieren		
Akkordeon	32	1/2 Schokoriegel
Flöte	35	100 g Austernpilze
Klavier	39	1 Dattel
Schlagzeug	65	1/2 Banane
Spiel und Freizeit		
Angeln	60	2 Stück Passionsfrucht
Badminton	95	200 ml Apfelsaft
Basketball	135	100 g Forelle, geräuchert
Bergwandern, ohne Gepäck	119	1 Scheibe Knäckebrot mit Butter und Wurst
Bergwandern, m. 5 kg Gep.	126	1/2 Brötchen m. Butter u. Salami
Fußball	129	1 Cocos-Riegel
Golf	83	1 Grapefruit
Gymnastik	65	3 Biskuitkekse
Judo	191	1 Elisenlebkuchen
Kajak	44	1 Kiwi
Laufen, 11 km/h, Ebene	188	100 g Romadour, 20% Fett i. Tr.
Radfahren 15 km/h	98	2 Pfirsiche
Schwimmen, Brust	158	1 Port. Schokoladenpudding
Skifahren	96	1 Scheibe Mischbrot
Skiwandern	140	Fruchtquark, 20% Fett
Squash	207	100 g Heringsfilet in Tomatensoße
Tanzen, Standard	50	100 g Zuckermelone
Tennis	107	8 Walnüsse
Tischtennis	66	200 g Broccoli
Volleyball	50	100 ml Brombeernektar
Walking	78	1 Scheibe Toastbrot
Zirkeltraining	180	Banjo, 1 Doppelriegel

So essen Sie richtig

Wer sich möglichst gesund ernähren will, sollte folgendes beherzigen:

- nehmen Sie gerade so viel Kalorien zu sich, daß Sie Ihr Gewicht halten (Seite 7);
- führen Sie Ihrem Körper die *Grundnährstoffe Kohlenhydrate, Eiweiß* und *Fett in einem ausgewogenen Verhältnis* zu;
- achten Sie auf ausreichend *Vitamine, Mineralstoffe* und pflanzliche Faserstoffe *(Ballaststoffe)*.

Die Grundnährstoffe im harmonischen Verhältnis

Das bedeutet, nehmen sie 55 bis 60 Prozent der Gesamtenergie als Kohlenhydrate auf. Bei 2000 Kalorien sind das knapp 300 g. Die Eiweißaufnahme sollte bei 0,8 bis 1 g pro Körpergewicht liegen. Bei einem Gewicht von 65 kg sind das zum Beispiel 52 g. Der Fettverzehr sollte 30 Prozent der Gesamtenergie nicht überschreiten, das macht bei 2000 Kalorien etwa 65 g.

Kohlenhydrate sollten hauptsächlich mit Brot, Nudeln, Reis, Getreideflocken, Hülsenfrüchten, Kartoffeln, frischem Gemüse und frischem Obst zugeführt werden. Vollkornprodukte sind wegen ihres hohen Fasergehaltes (Ballaststoffe) besonders wertvoll und dürfen bei einer richtigen Ernährung keinesfalls fehlen. Die Faserstoffe sorgen für reibungslosen Stuhlgang, einen gesunden Darm und normale Blutfettwerte. Da sie gut sättigen, helfen sie Kalorien einzusparen.

Unser **Eiweißbedarf** sollte zu einem Drittel aus tierischem (zum Beispiel Fleisch, Fisch, Milch, Käse, Eier), zu zwei Dritteln aus pflanzlichem Eiweiß (zum Beispiel Linsen, Haferflocken, Vollkornbrot, Kartoffeln, Reis) gedeckt werden. Über die Hälfte der täglich zugeführten

Fettmenge nehmen wir als versteckte Fette auf, in Form von Soßen, Crèmes, Torten, Gebäck, Süßigkeiten, fetten Käsesorten, Fleisch- und Wurstwaren. Hier helfen die fettarmen und damit auch energieärmeren Varianten, das Kalorienkonto zu senken. Streich- und Bratfett sowie Öle sollten nur sparsam verwendet werden. Pflanzliche Fette mit einem hohen Anteil an mehrfach ungesättigten Fettsäuren sind dabei vorzuziehen.

Essen Sie von morgens bis abends bewußt

Folgende Tips helfen Ihnen dabei, sich gesund und mit ausreichend Vitaminen und Mineralstoffen zu ernähren:

- Als Frühstück eignen sich Müsli, Obst, Vollkornbrot mit etwas Quark, Käse oder Wurst. Es sollte in etwa ein Drittel der täglichen Kalorienmenge ausmachen. Wer ein Frühstücksmuffel ist, sollte nicht bis mittags nüchtern bleiben, sondern sich eine leichte Zwischenmahlzeit gönnen.
- *Mehrere kleine Mahlzeiten* pro Tag sind besser als drei große, sofern die zulässige Kalorienzahl dabei gleich bleibt. So werden Leistungsabfall und das Aufkommen von Heißhunger, bei dem man meist sehr unkontrolliert ißt, verhindert.
- Das *Abendessen* sollte eher leicht und knapp bemessen sein und nicht unmittelbar vor dem Zubettgehen eingenommen werden.
- Gedankenloses In-sich-Hineinstopfen von Knabberzeug und Süßigkeiten (zum Beispiel beim Fernsehen) sollten Sie unbedingt vermeiden.
- Essen Sie immer bewußt und achten Sie stets darauf, daß auf Ihrem Speisezettel möglichst oft frischer Salat sowie knackiges Gemüse und Obst stehen.
- Informieren Sie sich über den Energiewert Ihrer Nahrung mit Hilfe von *Klevers Kalorien-Joule-Kompaß*. Wer bewußt ißt, hat mehr Genuß und weiß, wann sein Körper genug hat.

So benutzen Sie die Tabelle
»Nahrungsmittel und Getränke von A bis Z«

Von Gemüse bis Fisch – das ist zu beachten

Um Ihnen den Umgang mit den Tabellen zu erleichtern, sind alle Begriffe *alphabetisch geordnet* beziehungsweise *in Sachgruppen eingeteilt*. Sind keine Mengen angegeben, beziehen sich die Werte auf *100 Gramm eßbaren Anteil* des Lebensmittels. Das bedeutet bei Gemüse geputzt, bei Fleisch ohne Knochen, bei Fisch ohne Gräten.

Zusätzlich finden Sie fast immer die *Einkaufsmenge*, wie sie für einen normalen Haushalt üblich ist. Diese Menge bedeutet: Rohware mit Schalen, Strünken, Kernen, Knochen und Gräten. Um Ihnen umständliches Rechnen zu ersparen, sind bei Zutaten (zum Beispiel Öl, Fett, Soßen) Angaben für *Teelöffel* und *Eßlöffel* sowie bei verschiedenen Lebensmitteln (zum Beispiel Brot, Wurstwaren, Schokolade) Angaben für *Scheibe* oder *Stück* gemacht.
Ist der Kalorien-/Joule-Gehalt eines Lebensmittels nicht genau feststellbar, steht i. D. (im Durchschnitt) dabei.

Bei *Gemüse* sind neben 100 Gramm eßbarem Anteil die Kalorien-/Joule-Zahl für 1000 oder 500 Gramm angegeben, je nach Gemüsesorte. Beispielsweise: Grünkohl 1000 Gramm, Fenchel 500 Gramm, Salatgurken im Stück.

Bei *Obst* finden sich Werte für 100 Gramm eßbaren Anteil, 500 Gramm Einkauf und das einzelne Stück mit Angabe des jeweiligen Durchschnittsgewichts.

Beim *Fleisch* sind 100 Gramm eßbarer Anteil einem Einkauf von 1000 Gramm gegenübergestellt. Nur Fleischteile mit geringem Abfall (z.B. Filet, Innereien) sind in der 100-Gramm-Menge des eßbaren Anteils aufgeführt. Diese Teile kaufen Sie zubereitungsfertig beim Metzger.

Bei *Fisch* ist eine Einkaufsmenge von 200 Gramm berechnet, weil dies einer Portion entspricht. Fische wie Forelle, Schleie, Scholle und Seezunge sind im Einkauf in ihrer gängigen Größe angegeben.

Ißt man eine ganze Scholle, muß die Kalorien-/Joule-Zahl des Rohprodukts berechnet werden. Bei Seezungenfilet ist der eßbare Anteil der Berechnungswert.

Von Tiefkühlpizza bis Puddingpulver – so rechnen Sie richtig

Bei allen *Tiefkühlgerichten* (TK) mit der Packungsangabe »2 bis 3 Portionen« sind zwei Portionen berechnet worden, weil das realistischer ist. Häufig steht auch noch die Grammangabe dabei.

Bei *Kuchenmehlen* und fertigen *Backmischungen* (BM) ist immer ein Stück des nach Anweisung zubereiteten Kuchens berechnet.

Bei *Fertigsoßen* wie Ketchup oder Currysoße habe ich auf die 100-Gramm-Angabe verzichtet und das Maß für Teelöffel beziehungsweise Eßlöffel angegeben. Dasselbe gilt für Marmeladen.

Bei *Pudding-*, *Creme-*, *Götterspeisen* oder ähnlichen Produkten bezieht sich die Nährwertangabe auf den Packungsinhalt, geteilt durch die auf der Packung angegebene Anzahl der Portionen.

Wenn es zwischen Klevers Kalorien-Joule-Kompaß und der GU Nährwert-Tabelle bei einigen Produkten zu leichten Zahlenschwankungen kommt, liegt dies an der meist unterschiedlichen Herkunft der Nahrungsmittel, bei Fertigprodukten an den individuellen Zutatenmengen der einzelnen Hersteller.

Maße und Zeichenerklärungen

Gebräuchliche Maße

1 Liter (l)	= 100 cl = 1000 ml = 1 kg
0,1 l	= 10 cl = 100 ml = 100 g
1 TL = 1 Teelöffel	= ca. 5 g Flüssigkeit
	= 5 g fester Stoff
1 EL = 1 Eßlöffel	= 15–20 g Flüssigkeit
	= 10–20 g fester Stoff
3 TL = 1 EL	
1 Suppenteller	= 250 ml = 16 EL
1 Maß-Tasse	= 125 ml = 8 EL
1 Tasse bis zum Rand gefüllt	= 150 ml
1 Schnapsglas	= 2 cl
1 Cocktailglas = 1 Südweinglas	= 5 cl
1 Sektglas	= 0,1 l = 10 cl = 100 ml
1 Mineralwasser- oder Obstsaftglas	= 0,2 l
0,25 l Soße, Beutel oder hausgemacht	= 250 ml

Angaben zu häufig verwendeten Lebensmitteln:

Dickflüssiges wie Crème fraîche oder Ketchup	1 EL = 25 g
Getreide, ganz	1 EL = 20 g
Kokosraspeln, gehackte Nüsse	1 EL = 10 g
Konfitüre	1 TL = 10 g
Leinsaat, Sesam, Sonnenblumenkerne	1 EL = 15 g
Mayonnaise	1 EL = 30 g
Öl	1 EL = 10 g
Relish oder Püree	1 EL = 40 g
Sahne	1 EL = 10 g

Die Mengenangaben für Tee- und Eßlöffel beziehen sich nicht auf gehäufte Löffel, sondern immer auf gestrichene Löffel!

Brot, 1 Scheibe	= 40 g
Kastenkuchen oder Rodon	= 16 Stücke
Obstkuchen	= 12 Stücke
Puddingpulver, nach Anweisung zubereitet	= 4 Portionen = 0,5 l

Weitere Abkürzungen und ihre Bedeutung:

TK = tiefgekühlt	i. D. = im Durchschnitt
FP = Fertigprodukt	s. a. = siehe auch
BM = Backmischungen und Kuchenmehle, nach Anweisung zubereitet	Nw = Nährwert
	kcal = Kilokalorie
	kJ = Kilojoule (1 Kilokalorie entspr. 4,186 Kilojoule)

Nahrungsmittel und Getränke von A bis Z

Werte ohne zusätzlichen Hinweis beziehen sich auf 100 Gramm verzehrbaren Anteil

Nw		kcal	kJ
A			
	Aachener Früchtli Fruchtaufstrich, *Zentis*, 1 TL	21	86
	Aachener Pflümli Pflaumenmus, *Zentis*, 1 TL	18	77
K	Aachener Printen, 1 Stück	134	561
	Aal	299	1252
	Aal, 200 g Einkauf	418	1750
F	Aal, geräuchert	350	1465
F	Aal, geräuchert, 200 g, Einkauf	534	2235
	Aal in Gelee, 1 Würfel	220	921
E	Abalone (Dose)	80	335
V	Acerola	39	163
V	*Acerolate, Donath*, 0,1 l	65	272
KB	*Achimer Rund*	239	1000
MV	Ackersalat	22	92
E	Adrio	241	1009
E	Äsche	105	440
E	Äsche, 200 g Einkauf	142	594
	Afrika, Bahlsen, 1 Stück	23	96
	After Eight, 1 Täfelchen	45	185
	Agar Agar	0	0
	Ahorn-Creme, *granoVita*, 1 TL	17	71
K	Ahornsirup, 1 EL	50	209
	Aioli Sauce	201	847
V	Akee (Aki, Akipflaume)	190	795
E	Alaska-Seelachs in Kräutersoße, *Hipp Leicht-Menü*, 300 g	257	1090
	Ale, engl. Bier, 0,2 l	96	402

Nw		kcal	kJ
	Alexander-Cocktail, 5 cl	147	615
E	Algen	19	79
E	Algen in Pulverform	265	1109
	Alima, Migros, 2 TL	41	172
	Alkoholfreies Bier, 0,33 l, i. D.	80	335
	Allerlei-Salat, Eden	133	557
E	Allgäuer Schmelzkäse, 20%, *Kraft*, 62,5 g	113	473
	Almighurt, 3,5%, Ehrmann, 150 g	159	668
	Almighurt light, 3,5%, Ehrmann, 150 g	93	390
	Altbier, 0,33 l	146	611
	Altbier, Diät, 0,33 l	135	565
	American-Dressing, 1 EL	38	159
	American-Grill-Sauce, Kühne, 1 EL	25	105
	Americano, 8 cl	116	486
	Ammerländer Schinken	390	1633
V	Ananas	56	234
V	Ananas, 500 g Einkauf	151	632
V	Ananas (Dose), 1 Scheibe	35	147
K	Ananas, kandiert	320	1340
	Ananasbowle, 0,2 l	160	670
	Ananaskompott	97	406
V	Ananassaft, *Donath*, 100 ml	54	230
	Ananassaft, gesüßt (Dose), 0,2 l	192	804
V	Ananassaft, ungesüßt (Dose), 0,2 l	112	469
	Ananas-Weinkraut, *Kühne*	35	147

Nw = Nährwerte: E = viel Eiweiß – bevorzugt essen   F = viel Fett – vorsichtig essen
K = viele Kohlenhydrate – überlegt essen   M = viele Mineralstoffe – bevorzugt essen
V = viele Vitamine – bevorzugt essen   B = Ballaststoffe – gezielt essen

A

Nw	kcal	kJ	Nw	kcal	kJ
Anchovisfilet, 1 Stück	15	63	V Apfelsine, 500 g		
Anchovispaste, 1 TL	20	84	Einkauf	195	816
Andalusische Creme-			Apfelsinenschale,		
Suppe, *Knorr*,			gerieben, 1 TL	2	8
1 Teller	168	695	Apfeltasche,		
E Anglerfisch	72	301	*McDonald's*, 1 Portion	245	1024
E Anglerfisch, 200 g			M Apfel-Trauben Diät-		
Einkauf	104	435	Nektar, *Hipp*	23	96
F Anguilotti	209	875	Apfelwein, 0,25 l	115	481
Anisettelikör, 2 cl	75	314	Apfelwein, *Knaddel*		
Anisplätzchen,			*Daddel*, 0,25 l	96	400
1 Stück i. D.	20	84	F Appenzeller Käse,		
Anisschnaps, 2 cl	68	285	45%	400	1674
V Annonen (Cheri-			Apple Pie, *BurgerKing*,		
moya)	112	470	1 Portion	222	929
E Antilopenfleisch	97	406	V *Aprico kalo-arm*,		
V Apfel	55	230	*Vitaborn*, 0,2 l	30	126
V Apfel, 1 Stück, 150 g	76	319	V *Aprico*, Diätfrucht,		
V Apfel, 500 g			*Vitaborn*, 0,2 l	116	486
Einkauf	253	1059	Apricot Brandy, 2 cl	61	255
KB Apfel, getrocknet	279	1168	MV Aprikose, 500 g		
KB Apfel, getrocknet,			Einkauf	245	1026
1 Ring, 10 g	28	117	MV Aprikose	54	226
K Apfelgelee, 1 TL	26	109	MV Aprikose, 1 Stück,		
K Apfelkraut,			50 g	25	115
Rheinisches	286	1197	M Aprikose, Orange		
K Apfelkraut,			Diät-Nektar, *Hipp*	19	80
Rheinisches, 1 TL	29	121	MV Aprikosen (Dose)	93	389
Apfelkren, 1 EL	30	126	KB Aprikosen,		
Apfelkuchen, TK,			getrocknet	305	1277
Dr. Oetker	211	884	KB Aprikosen, getrocknet,		
Apfelmus (Glas)	79	331	vier halbe Früchte	52	218
B Apfel-Rotkohl			Aprikosengeist, 2 cl	50	210
(Glas), *Hengstenberg*	35	146	K Aprikosen, kandiert	240	1004
B Apfel-Rotkohl,			K Aprikosenkonfitüre,		
Iglo TK	68	278	1 TL	26	109
V Apfelsaft, 0,2 l	94	393	Aprikosenkonfitüre,		
V Apfelsaft, naturtrüb,			Fruchtzucker, kalo-		
Donath, 0,2 l	96	460	rienarm, *Libn*, 1 TL	17	71
Apfelschnaps, 2 cl	65	272	MV Aprikosennektar, 0,1 l	50	210
V Apfelsine	54	226	V Aprikosensaft, *leichter*		
V Apfelsine, 1 Stück,			*Genuss, Granini*,		
150 g	58	244	*0,2 l*	50	210

Nw	kcal	kJ	Nw	kcal	kJ	
Aprikosen Snacks,			E Austernpilz	31	130	**B**
Diäko	85	361	E Austernpilze, 500 g			
Aquavit, 43%, 2 cl	50	210	Einkauf	125	523	
K Arancini	270	1130	MV Avocado, Israel	170	712	
Ardennen-Schinken	264	1105	MV Avocado, Israel,			
Armagnac, 40%, 2 cl	44	184	1 Stück, 250 g	320	1340	
Aromat, 1/2 TL	4	19	MV Avocado, Kalifornien	200	837	
Arrak, 38%, 2 cl	45	189	MV Avocado,			
Arrak-Aroma,			Kalifornien,			
1 Fläschchen	4	17	1 Stück, 250 g	375	1570	
K Arrowroot, 1 TL	18	75	FV Avocado, Mexiko	240	1005	
V Artischocke, 1 Stück,			FV Avocado, Mexiko,			
200 g	55	230	1 Stück, 250 g	452	1892	
Artischockenböden	56	234	*Azora, Bahlsen*, 1 Stück	10	40	
Artischockenherzen	56	234				
Asia Chop Suey						
Maggi	425	1782				
Asia 5 Min Terrine			**B**			
i. D.	177	748				
Asia Nudel Snack, i.D.,						
Maggi, 1 Packung	245	1045	F *Baars d'Or*, i. D.	345	1451	
Asiago, 40%	290	1214	Babaco	23	96	
Aspartame, Nestlé	0	0	*Babybel*, 25%	205	858	
E Aspikpulver,			*Bacardi*, 38%, 2 cl	50	209	
1 Päckchen, 10 g	35	147	Backaroma, *Dr. Oetker*,			
Assugrin	0	0	1 Fläschchen	25	105	
Asti Spumante, 0,1 l	82	343	Backerbsen	220	921	
M Aubergine	25	105	Backoblaten, *Küchle*,			
M Aubergine, 1 Stück,			1 Stück	1	4	
250 g	53	222	KB Backobst, gemischt	269	1126	
M Aubergine, 500 g			Backöl, *Dr. Oetker*,			
Einkauf	106	444	1 Fläschchen	13	54	
E Aufschnitt,			KB Backpflaumen	291	1222	
»Du darfst«	270	1135	KB Backpflaumen,			
Aufschnitt, mager,			6 Stück	108	452	
i. D.	300	1256	Backpulver, 1 Päck-			
Auslese-Gebäck-			chen	16	67	
mischung,			F Bacon	665	2784	
Schneekoppe	538	2248	K *Baff*, Popcorn			
E Austern, 6 Stück	71	298	caramel, 1 Beutel	323	1352	

**Nw = Nährwerte: E = viel Eiweiß – bevorzugt essen   F = viel Fett – vorsichtig essen
K = viele Kohlenhydrate – überlegt essen   M = viele Mineralstoffe – bevorzugt essen
V = viele Vitamine – bevorzugt essen   B = Ballaststoffe – gezielt essen**

B

Nw	kcal	kJ	Nw	kcal	kJ
K Baff, 1 Handvoll, 10 g	43	180	K Banjo, 1 Doppelriegel, 2 x 16,5 g	178	745
K Baguette, 1 Stück, 150 g	390	1633	Barack Palinka, 40%, 2 cl	50	210
Baguette Brötchen, Knack & Back, Kraft, 1 Stück	76	318	Barbecue Sauce	75	316
K Baguette Champignon, Iglo TK	275	945	Barbecue-Sauce, Kraft, 1 EL	22	92
K Baguette Hawai, Iglo TK	227	956	Barolo, 0,25 l	187	783
K Baguette Salami, Iglo TK	242	1019	ME Barsch	89	372
K Baiser, 1 Stück, 25 g	110	460	ME Barsch, 200 g Einkauf	72	301
KF Baiser, mit 2 EL Sahne, 1 Stück	230	963	K Baseler Leckerli, 1 St., 25 g	100	419
K Baiser-Ostereier (Schaumzucker)	390	1636	K Basmati-Reis, Reis-fit	340	1423
Balisto, 1 Doppelriegel, 41 g, i. D.	215	900	K Batate	124	519
Balkangemüse, Iglo TK	85	360	K Batate, 500 g Einkauf	502	2101
Balkan-Salat, Appel, 125 g	34	145	K Batatenstärke	356	1490
Balkan-Salat, Homann, 180 g	122	511	K Batatenstärke, 1 TL	18	75
Bambino Nudelgericht, Tomatensoße, Maggi, 1 Portion	315	1330	V Batavia-Salat	21	88
Bambussprossen (Dose)	33	138	KB Bauernbrot	250	1047
Bami Goreng, Dr. Oetker TK, 1 Packung	451	1912	KB Bauernbrot, 1 Scheibe, 40 g	100	419
VK Banane	99	414	Bauernfrühstück, Pfanni, 1 Portion	398	1652
VK Banane, 1 Stück, 150 g	140	586	Bauernknacker, bofrost* TK, 1 Stück	156	649
VK Banane, 500 g Einkauf	350	1465	Bauernpfanne, bofrost* TK	152	639
KB Bananen, getrocknet	305	1277	FB Baumnüsse	705	2951
Bananenlikör, Marie Brizard, 2 cl	65	272	FB Baumnüsse, 500 g Einkauf	1516	6346
K Bananenscheiben, Chiquita (Dose)	107	448	FB Baumnüsse, 8 Kerne	105	439
			FK Baumnüsse, karamelisiert	456	1909
			V Baumtomate (Tamarillo)	50	209
			V Baumtomate, 1 Stück, 80 g	40	168
			F Bayerngold-Käse, i.D.	324	1354
			BB fit, Bürger Bräu, 0,5 l	135	564
			Beaujolais, 0,25 l	167	699
			F becel, Diät-Margarine	720	2960
			F becel, 1 EL	108	444

Nw		kcal	kJ	Nw		kcal	kJ
F	*becel*, 1 TL	36	148	K	Beugeln, 1 Stück	155	649
F	*becel*-Diät-Pflanzen-			V	Bickbeeren	62	259
	creme	650	2680	K	Bienenhonig	305	1277
F	*becel*-Diät-Pflanzen-			K	Bienenhonig, 1 TL	30	126
	creme, 1 EL	97	411		Bier, s. a. einzelne		
F	*becel*-Diät-Pflanzen-				Sorten		
	fett	900	3700		Bier, alkoholfrei,		
F	*becel*-Diät-Pflanzen-				0,33 l i.D.	80	335
	fett, 1 EL	135	555		Bier, dunkel, 0,5 l i.D.	235	987
F	*becel* leicht	360	1520		Bier, hell, 0,5 l i.D.	218	913
F	*becel*-Öl, 100 ml	820	3360		Bier, kalorienredu-		
F	*becel*-Öl, 1 EL	75	314		ziert, 0,5 l i. D.	150	628
F	*becel*-Öl, 1 TL	25	105	MV	Bierhefe, 1 EL	35	147
	Béchamel Sauce,			B	Bierrettich	19	80
	Thomy, 60 ml	125	530	B	Bierrettich, 1 Stück,		
E	Beefsteak-Hack	118	496		200 g	29	121
	Beeren, s. einzelne				Bierschinken i. D.	180	753
	Sorten			E	Bierschinken,		
	Beerenauslese, 0,25 l,				Truthahn i. D.	170	712
	i. D.	233	976	F	Bierwurst i. D.	236	986
V	Beeren-Cocktail,			F	Bierwurst, Deli-		
	Dr. Oetker, 1 Gericht	146	611		kateß-, *Könecke*		
VB	Beeren-Vollkorn-				»leicht & lecker«	192	804
	Müsli, *Schneekoppe*	329	1395		*Bi-Fi*, Fleischsnack,		
V	Beißkohl	23	96		1 Stück	128	529
V	Beißkohl, 500 g				*Bi-Fi*, »light«, Fleisch-		
	Einkauf	93	389		snack, 1 Stück	97	402
V	Belegkirschen, echte,			E	*Bifighurt*, 4%, 125 g	95	398
	Schwartau	308	1309		Big Mäc, *McDonald's*,		
	Belfrutta Auslese				1 Portion	505	2114
	Konfitüre extra,			FK	Big Pep, *Chio Chips*	520	2177
	Zentis, 1 TL	25	104		Biobin, *Tartex*, 1 g	0,3	1,26
	Benedictine-Likör,			F	*Bioghurt*, 3,5%, 150 g	100	419
	40%, 2 cl	75	314	E	*Bioghurt* »light« mit		
K	Berliner Pfann-				Frucht, *Ehrmann*	62	260
	kuchen, 1 Stück	210	879	E	*Bioghurt* mit Frucht,		
	Berliner Weiße				3,5%, 150 g	146	606
	mit Schuß, 0,33 l	125	523	E	*Bioghurt* pur mit		
K	Bethmännchen,				natürl. Fettgehalt,		
	1 Stück	80	335		*Ehrmann*, 500 g	360	1515

Nw = Nährwerte: E = viel Eiweiß – bevorzugt essen   F = viel Fett – vorsichtig essen
K = viele Kohlenhydrate – überlegt essen   M = viele Mineralstoffe – bevorzugt essen
V = viele Vitamine – bevorzugt essen   B = Ballaststoffe – gezielt essen

Nw	kcal	kJ	Nw	kcal	kJ
B B Biokorn-Hirsekeks, Drei Pauly	453	1896	Bitter Lemon, Schweppes, 0,2 l	176	737
E bionorm Diät, 1 Beutel	146	611	Bitter Lemon light, Schweppes, 0,2 l	17	71
BV Bio-Vierkornbrot, Bösen	229	959	Bittermandelöl, 2 cm³, 1 Fläschchen	14	59
BK Bio-Vollkorn-Müsli, Wertkost	410	1716	K Bitterschokolade	551	2306
BK Birchermüsli, Reddy-, Migros	354	1482	Black Velvet, 0,2 l	140	586
BK Bircher-Müsli, Tevio	388	1624	F Bläsle-Wurst i. D.	396	1658
Birell, Bier, alkohol- frei, 0,5 l	120	502	K Blätter-Brezeln, Bahlsen, 1 Stück	25	106
E Birkenpilz	28	117	Blätterkohl	57	238
E Birkhuhn	111	465	Blätterkohl, 500 g Einkauf	224	938
E Birkhuhn, 1 Stück	850	3570	Blättermagen, gekocht	97	406
VB Birne	55	230	K Blätterteig, TK	395	1653
VB Birne, 1 Stück, 150 g	80	335	Blätterteig, TK, Dr. Oetker	394	1640
VB Birne, 500 g Einkauf	260	1088	K Blätterteig, Iglo TK	404	1682
BK Birne, getrocknet	294	1231	Blätterteig-Creme- Schnitten, Dr. Oetker	451	1914
Birne (Dose)	72	301	K Blätterteigpastetchen, FP, 1 Stück	215	900
Birnengeist, 2 cl	60	251	K Blätterteigteilchen, 1 Stück i. D.	280	1172
V Birnensaft, Granini trinkGenuß, 0,4 l	54	226	F Blanc de Blanc, Tholstrup	405	1690
F Biskin-Fett	900	3767	Blattgelantine, rot und weiß, 10 g	36	153
F Biskin-Fett, 1 EL	135	565	V Blattspinat, Iglo, TK	16	68
Biskin-Fleischsauce, 1 EL	136	569	BV Blaubeeren	62	259
F Biskin-Öl, 100 ml	835	3495	F Blauer Castello, Tholstrup	435	1820
F Biskin-Öl, 1 EL	75	314	E Blaufelchen	108	452
Biskin-Sauce, à la Hollandaise, 1 Packung	177	730	E Blaufelchen, 200 g Einkauf	146	611
Biskotten, 1 Stück	15	63	B Blaukraut	27	113
Biskuitkeks, 1 Stück	22	92	F Blauschimmelkäse, 50%	413	1730
K Biskuit-Kuchen, BM Kraft, 1 Stück, ohne Füllung	98	410	B Bleichsellerie	21	88
F Bismarckhering	225	942	B Bleichsellerie, 500 g Einkauf	66	276
F Bismarckhering, 1 Filet, 60 g	135	565	BV Blévita Vollkornbis- cuits, Migros, 3 Stück	61	255
F Bismarckhering, 1 Stück, 125 g	267	1118			

B

Nw		kcal	kJ	Nw		kcal	kJ
K	Blockmalz	420	1758	BK	Bohnen, weiß,		
K	Blockschokolade	550	2302		getrocknet	352	1473
	Bloody Mary, 0,1 l	95	398	KB	Bohnen, weiß und		
E	Blue Crab	95	398		rot (Dose)	118	494
F	*Blue Note, Tholstrup*	435	1820		Bohnen-Salat,		
	Blütenpollen in Ho-				*Hengstenberg*	28	117
	nig, *granoVita*, 1 TL	17	71		Bohnen-Suppe,		
B	Blumenkohl	27	113		serbisch, *Knorr*		
B	Blumenkohl,				(Dose), 1 Tasse	66	276
	500 g Einkauf	82	343		Bohnentopf *Mexiko,*		
	Blumenkohl-Brocco-				*Feiner, Knorr,*		
	li-Suppe, *Knorr,*				1 Beutel	305	1290
	1 Teller	130	545		*Bolognese fix, Knorr,*		
	Blumenkohlcreme-				50 g	180	750
	suppe, *Heisse Tasse,*			K	Boltjen, 1 Stück i. D.	20	84
	Unox, 150 ml	84	357	K	Bonbon, 1 Stück i. D.	20	84
	Blumenkohl-Suppe,				Bonbon, Diabetiker-,		
	Maggi, 0,25 l	65	265		1 Stück i. D.	19	80
F	Blunzen	425	1779		Bonbons, Diabe-		
V	Blutorangen-Nektar,				tiker-, mit Sorbit,		
	Müller, 0,2 l	112	476		*Rademann*	380	1591
F	Blutwurst i. D.	425	1779		Bonbon, Diät,		
	Blutwurst zum Heiß-				1 Stück i. D.	18	75
	machen, 1 Stück,				Bonbons, Früchte		
	ca. 180 g i. D.	200	837		und Kräuter, *Schnee-*		
	Bockbier, 0,5 l	291	1218		*koppe*, 5 Stück, i. D.	246	1028
F	Bockwurst, 1 Stück,			K	Bonbons, i. D.	400	1674
	120 g	353	1478	K	*Bonitos*, 1 Beutel,		
F	Bockwurst (Dose),				40 g	195	816
	Herta, 115 g	325	1350		Bordeaux, rot, 0,25 l		
E	Bodenseefelchen	108	452		i. D.	175	733
E	Bodenseefelchen,				Bouillon, Rinds-,		
	200 g Einkauf	146	611		Instant, 1 Tasse	9	38
	Bœuf d'Or	392	1653	K	*Bounty*, 1 Riegel, 30 g	145	600
	Bœuf Stroganoff mit				*Bounty*-Eiscreme,		
	Spätzle, *Iglo*, 350 g	558	2344		50 ml	192	804
MV	Bohnen, grün	35	146		Bourbon, 40%, 4 cl	115	481
MV	Bohnen, grün,			F	*Boursin*, Frischkäse,		
	500 g Einkauf	167	699		70%, i. D.	411	1720
	Bohnen, grün (Dose)	23	96	VB	Boysenbeeren	48	201

Nw = Nährwerte: E = viel Eiweiß – bevorzugt essen   F = viel Fett – vorsichtig essen
K = viele Kohlenhydrate – überlegt essen   M = viele Mineralstoffe – bevorzugt essen
V = viele Vitamine – bevorzugt essen   B = Ballaststoffe – gezielt essen

B

Nw	kcal	kJ
E Brachsen	125	523
E Brachsen, 200 g Einkauf	140	586
Brägen	132	553
KB *Bran Buds, Kellogg's*, 30 g	73	309
Brandy, 40%, 2 cl	44	184
FB Brasilnüsse	688	2880
FB Brasilnüsse, 4 Kerne	97	406
E Brassen	125	523
Braten-fix, Maggi, 1 Beutel	160	665
Bratensaft, Instant, *Maggi*, 1 EL	6	25
Bratensoße extra, *Knorr*, 250 ml	140	590
Bratensoße, Instant, *Maggi*, 60 ml	30	130
Bratensoße, Tube, *Knorr*, 1 EL	13	56
E Brathähnchen	144	603
F Brathering	234	980
F Brathering, 1 Stück, 150 g	320	1340
Bratkartoffeln, *Pfanni*, 200 g	214	906
Bratwurst (Kalb) i. D.	296	1237
F Bratwurst (Schwein) i. D.	364	1524
F Bratwurst, Thüringer, *Eismann*, TK, 1 Stück	317	1311
K Brauner Zucker	382	1599
BV Braunkohl	57	238
BV Braunkohl, 500 g Einkauf	224	938
F Braunschweiger Mettwurst i. D.	541	2265
F Bremer Pinkel	849	3554
V Brennesselsaft, 0,1 l	19	80
F *Bresse bleu*, 50%	413	1729
F *Bresso*-Frischkäse, 60% i.D.	235	983

Nw	kcal	kJ
E *Bresso*-Frischkäse »leicht«	139	578
F *Bresso*-Weichkäse 70%	419	1731
K Brezel, Blätterteig-, 1 Stück	107	448
K Brezel, Laugen-, 1 Stück, 45 g	126	527
F Brie Royal, 100 g	411	1737
F Briekäse, 50%	358	1499
E Bries	108	452
F *Briette*, 65%, *Champignon*	400	1674
E Brislinge	260	1088
BV Broccoli	33	138
BV Broccoli, 500 g Einkauf	102	427
Broccoli-Blumenkohl-Gratin, *Iglo*, 300 g	291	1218
Broccoli-Cremesuppe, »Bistro«, *Iglo* TK	120	500
BV Broccoligemüsetopf, *Erasco*, 1 Portion	242	1026
Broccoli-Nudelauf-lauf, *bofrost** TK, 1 Portion (200 g)	272	1146
K Brösel	352	1473
K Brösel, 1 EL	35	146
K Brötchen, 1 Stück	140	586
K Brötchen aus Blätter-teig, BM, *Kraft*, 1 Stück, 30 g	120	502
BV Brombeeren	48	201
V Brombeeren, *Iglo*, 250 g	140	595
Brombeeren (Dose)	88	368
Brombeergelee, *Fructusan*, 1 TL	20	84
K Brombeerkonfitüre, 1 TL	26	109
Brombeerkonfitüre, Fruchtzucker, kalorienarm, *Libn*, 1 TL	16	70

Nw	kcal	kJ	Nw	kcal	kJ
V Brombeer-Nektar, *Vitaborn*, 0,1 l	50	210	E Büffelmilchkäse	207	867
V Brombeersaft, ungesüßt, 0,1 l	36	151	E Bündner Fleisch	264	1105
			K Bürli, 1 Stück	265	1109
V Brombeer-Sirup, *Vitaborn*, 1 EL	58	243	Bürzelkohl	23	96
Brot, s. einzelne Sorten			Bürzelkohl, 500 g Einkauf	115	481
Brühe, fett, Würfel, 0,25 l	15	63	BV Bulgur	343	1436
Brühe, gekörnt, *Maggi*, 0,25 l	5	30	MV *Bunte Pfanne, Pfanni*, 1 Portion	282	1200
Brühe, klar, Instant, 0,25 l	14	59	B *Buntes Gemüse mit Sechskorn, Iglo TK*, 1 Packung	354	1482
Brühwurst, 25% (Dose)	274	1147	Burgunder (rot), 0,25 l	175	733
B Brüsseler Kohl	52	218	Burgunder (weiß), 0,25 l	167	699
B Brüsseler Kohl, 500 g Einkauf	210	879	*Burgunderbraten mit Gemüse, Hipp-Diät*, 300 g	256	1071
MV Brunnenkresse	21	88	F *Butaris*	921	3855
MV Brunnenkresse, 500 g Einkauf	105	440	F *Butaris*, 1 EL	138	578
			E Butt	83	347
Buchstabensuppe, FP, 1 Teller	74	310	E Butt, 500 g Einkauf	230	966
KB Buchweizen, Korn	364	1524	F Butter	776	3248
KB Buchweizengrütze	361	1511	F Butter, Hotel- packung, 20 g	156	653
KB Buchweizengrütze, 1 EL	72	301	F Butter, 1 EL	116	486
KB Buchweizenvollmehl	351	1470	F Butter, 1 TL	39	163
KB Buchweizenvollmehl, 1 EL	70	293	Butter, Milchhalbfett	393	1645
Budapester Salat, Homann, 1 Becher, 180 g	506	2118	Butter, Milchhalbfett, Hotelpackung, 25 g	100	419
Büchsenmilch, 7,5%, 1 TL	7	29	Butter, Milchhalb- fett, 1 EL	59	247
Büchsenmilch, 10%, 1 TL	9	38	Butter, Milchhalb- fett, 1 TL	20	84
F Bückling, 200 g Einkauf	292	1222	F Butterfett	921	3855
F Bücklingsfilet	241	1009	F Butterfett, 1 EL	138	578
			Butterfly leicht, Meggle	399	1670

B

Nw = Nährwerte: E = viel Eiweiß – bevorzugt essen   F = viel Fett – vorsichtig essen
K = viele Kohlenhydrate – überlegt essen   M = viele Mineralstoffe – bevorzugt essen
V = viele Vitamine – bevorzugt essen   B = Ballaststoffe – gezielt essen

Nw	kcal	kJ
B		
Buttergemüse, *Iglo* TK	121	507
F Butterkäse, 50%	359	1503
Butterkeks, *Leibniz*, 1 Stück	22	91
Butterkeks, *Sionon*, 1 Stück	30	126
E Buttermilch, 1,3%, 0,25 l	90	377
Buttermilch aus Pulver, 0,25 l	125	523
E Buttermilch, Frucht, 0,25 l	160	670
E Buttermilch, Frucht, *natreen*, 0,25 l	76	320
E Buttermilch, Multi-vitamin, *Müller,* 0,25 l	142	606
Buttermilch-Dressing, *Kraft*, 1 EL	25	105
Buttermilch-Frisch-käse, 40%	100	419
KB Buttermilch-Knäcke-brot, 1 Scheibe	30	126
Buttermilchpulver, 1 EL	40	167
Butterpfannen-gemüse, *bofrost** TK	118	491
E Butterpilz	25	105
E Butterpilz, 500 g Einkauf	100	419
Butter-Sauce à la Béar-naise, *Knorr,* 250 ml	225	940
F Butterschmalz	921	3855
Buttersnacks, *Migros*	495	2072

C

Nw	kcal	kJ
E Calamares	79	331
California, Migros, 2 TL	41	172

Nw	kcal	kJ
California-Salat, Hengstenberg	79	331
California Torte, BM, *Kraft*, 1 Stück	209	875
Calvados, 2 cl	65	272
Cambozola, 24%	300	1269
F Cambozola, 65%	410	1716
Camembert, 30%, 62,5 g	143	599
Camembert, 40%, 62,5 g	181	758
Camembert, 45%, 62,5 g	187	783
Camembert, 45%, i.D.	337	1425
F Camembert, 50%, 62,5 g	205	858
E Camembert, »Du darfst«	245	1035
Camembert, paniert, *bofrost** TK, 1 Stück, 65 g	202	838
F Camembert Suisse, 60%	393	1645
Campari, 5 cl	56	234
Canderel, Streusüße, 1 TL	2	8
Candygurken, Kühne	100	419
Cannelloni, *Maggi,* 300 g	280	1180
Cannelloni, *Dr. Oetker* TK, 400 g	571	2395
Cannelloni Floren-tina, *Iglo*, 400 g	524	2202
Cantaloupemelone	52	218
F *Caprice des Dieux*, 60%	356	1490
Caramac, 1 Riegel, 30 g	165	705
K *Carina*, Nuß-Sand-Torte, BM *Kraft*, 1 Stück	233	975
Caro Instant, 1 Tasse	4	17

Nw	kcal	kJ	Nw	kcal	kJ
K *Carte d'Or, Premium, Langnese*, 1 Stück	310	1298	E Champignons	24	100
FB Cashewnüsse	604	2528	E Champignons, 500 g Einkauf	110	460
FB Cashewnüsse, 10 Stück	60	251	E Champignons (Dose)	25	105
F Cashew-Nußmus, *granoVita*, 1 EL	93	389	Champignoncreme-Suppe, *Knorr* (Dose), 1 Tasse	45	185
Cassis, 2 cl	65	272	Champignoncreme-suppe, *Heisse Tasse, Unox*, 150 ml	63	266
Castello bianco, Weiß-schimmelkäse	416	1741	Champignoncreme-Suppe *Gourmet, Maggi*, 1 Teller	115	485
V *Cefrisch*, 0,1 l i. D.	55	230	*Champignon-Plätzli, Iglo* TK	173	730
Cenofix, 1 EL	21	88	F *Champignon*-Rahm-Camembert, 55%	344	1440
F Cervelatwurst i. D.	375	1570	F Champignonsalat, *Nadler*	303	1268
E Cervelatwurst, »Du darfst«	330	1370	Champignon-Schmelzkäse, 40%, *Kraft*, 62,5 g	156	653
F Cervelatwurst, *Redlefsen*	356	1489	*Charlotte-Torte*, SchokoKirsch, BM, *Dr. Oetker*	299	1266
E Cervelatwurst Extra, »leicht & lecker«, *Könecke*	302	1264	Chartreuse, gelb, 40%, 2 cl	60	252
Cevapčiči, *bofrost*° TK	239	992	Chartreuse, grün, 55%, 2 cl	75	314
Cevapčiči, *Erasco*, 1 Portion	572	2409	Châteauneuf-du-Pape, 0,25 l	192	804
Cevapčiči mit Duveč-Reis, *Hipp*, 300 g	276	1167	Chayoten	30	126
Chablis, 0,25 l	167	699	F Cheddarkäse, 50%	410	1716
Chäschüechli, Migros TK, 1 Stück	186	779	Cheeseburger, *BurgerKing*, 1 Stück	296	1246
Champagner, brut, 0,1 l	67	280	Cheeseburger, *McDonald's*, 1 Portion	258	1067
Champagner, demi-sec, 0,1 l	124	519	FK *Cheese-Krack*, Bahlsen	490	2050
Champagner, extra dry, 0,1 l	70	293	F *Cheesy, Adler*, 45%	225	942
Champagner, sec, 0,1 l	90	377			
Champagner-Cocktail, 5 cl i. D.	60	252			
VB Champagner-Kraut, *Hengstenberg*	43	180			
Champignon, leicht	250	1046			

**Nw = Nährwerte: E = viel Eiweiß – bevorzugt essen   F = viel Fett – vorsichtig essen
K = viele Kohlenhydrate – überlegt essen   M = viele Mineralstoffe – bevorzugt essen
V = viele Vitamine – bevorzugt essen   B = Ballaststoffe – gezielt essen**

C

Nw	kcal	kJ	Nw	kcal	kJ
V Cherimoya	112	470	Chinasuppe, Feurige, Erasco, 1 Portion	114	477
Cherry Brandy, 30%, 2 cl	55	230	*China-Suppe, Tunbang, Dr. Oetker*, TK, 1 Packung	138	588
Cherry Coca-Cola, 0,2 l	90	377	Chinesisches Huhn »Mandarin«, Erasco, 1 Portion	400	1726
Cherry Heering, 25%, 2 cl	50	210	FK Chips	552	2310
F Chester, 50%	409	1712	FK Chips, 1 Stück	10	42
F Chester, *Scheibletten*, 45%, *Kraft*, Scheibe	64	268	FK Chips, *Ferechi*, Bahlsen	475	1988
F *Chestra, Kraft*, 50%	400	1674	*Choclait-Chips*, 1 Chip	10	40
Chianti, 0,25 l	177	741	*Choco-Crossies*, 35 g	185	775
Chicken-Chips, bofrost TK	131	556	*Choco-Crossies, weiß*, 35 g	190	810
Chicken Royal, BurgerKing, 1 Portion	417	1850	*Choco-Drink, Migros*, 0,2 l	130	544
Chicorée	16	67	Chocolate Mint Likör, 27%, 2 cl	64	268
Chicorée, 500 g Einkauf	71	297	Chop Suey, 1 Packung	630	2637
Chili con Carne, 1 Packung	885	3705	Chop Suey, *Dr. Oetker* TK, 1 Packung	308	1306
Chili con Carne, *Lacroix* Fertiggericht	167	706	Chop Suey »Du darfst«, 1 Portion	345	1465
Chili con Carne-Fix, Maggi, 40 g	115	495	Chop Suey mit Reis, *bofrost*	103	434
Chili Ketchup, *Kraft*, 1 EL	20	84	Chutney, 1 EL	40	167
Chili Sauce, Hot, *Hengstenberg*	79	334	Cidre, *Granini*, herb, 0,25 l	90	377
Chili-Sauce, *Thomy*, 1 EL	35	145	Cidre, *Granini*, lieblich, 0,25 l	108	452
Chilisoße, 1 EL	23	96	*Citron, Aproz, Minikal*, 0,2 l	0	0
Chili-Soße, *Lacroix*, 1 EL	14	58	*Clausthaler Bier*, alkoholfrei, 0,33 l	92	385
China-Gericht, süß-sauer, Dr. Oetker, TK	576	2440	V Clementine	54	226
Chinakohl	16	67	V Clementine, 1 Stück, 40 g	16	67
Chinakohl, 500 g Einkauf	63	264	V Clementine, 500 g Einkauf	195	816
Chinamorcheln, getrocknet, 10 g	37	155	Coca-Cola, 0,2 l	88	368
China-Pfanne-Fix, Maggi, 50 g	160	685			

Nw	kcal	kJ	Nw	kcal	kJ
Coca-Cola light, 0,2 l	0,5	2,2	Courgettes	11	46
Cocktail-Kirsche, 1 Stück	8	33	Courgettes, 500 g Einkauf	38	159
Cocktail Sauce	176	741	FK Couvertüre	560	2344
Cocktail-Sauce, Kraft, 1 EL	42	176	E Crabmeat (Dose)	95	398
Cocktailwürstchen, 1 Stück, 10 g	29	121	*Cranberry*	48	201
Coco Pops, Kellogg's	378	1609	Cräcker	265	1109
Cocos-Riegel, Fructusan, 1 Stück	137	573	Crème de Cacao, 27%, 2 cl	70	293
Coffee-mate, Kaffeeweißer, 1 TL	25	105	*Crème de Grand Marnier*, 17%, 2 cl	67	280
Cognac, 40%, 2 cl	49	205	Crème de Menthe, 30%, 2 cl	75	314
Cointreau, 40%, 2 cl	85	356	F *Crème double*, 42%, *Dr. Oetker*	409	1684
Cola, 0,33 l	145	607	F *Crème double*, 1 EL	82	337
Cola Aproz, 0,2 l	82	343	Crème fraîche, 30%, *Dr. Oetker*	298	1227
Cola light, 0,33 l	0,8	3,3	Crème fraîche, 30%, *Dr. Oetker*, 1 EL	60	245
Cola-Rum (2 cl Rum, 0,2 l Cola)	162	678	Crème fraîche, Kräuter, 28%, *Dr. Oetker*	285	1176
Colette mit Kräutern, *Champignon*	256	1072	Crème fraîche, Knoblauch, 28%, *Dr. Oetker*	285	1176
Corned beef, USA	225	942	Crème fraîche, Pfeffer, 28%, *Dr. Oetker*	283	1169
E Corned beef, deutsch	153	640	Crème fraîche, Tomaten, 28%, *Dr. Oetker*	269	1112
E Corned beef, *Könecke*	111	465	E *Creme frischli*	240	1015
KB *Corn Flakes, Kellogg's*, 30 g	110	467	E *Creme frischli*, Kräuter	236	1000
KB *Corn Pops, Kellogg's*, 30 g	115	490	E *Crevetten*	103	431
Cornichon, klein, 1 Stück	1	4	Crisp	480	2005
KB *Corny*, Müsli-Riegel, *Schwartau*, i. D.	428	1796	Crisp, 1 Stück	25	110
V Coronilla	55	231	V Crispsalat	15	63
F *Cortina Frischkäse*, 60%	233	975	Croisettes *Bistro*, *Iglo* TK	280	1160
E Cottage Cheese, 200 g	210	879	K Croissant, *Eismann* TK, 44 g	92	391
Coupe Chantilly Mokka, Migros, 125 g	152	636			

C

Nw = Nährwerte: E = viel Eiweiß – bevorzugt essen   F = viel Fett – vorsichtig essen
K = viele Kohlenhydrate – überlegt essen   M = viele Mineralstoffe – bevorzugt essen
V = viele Vitamine – bevorzugt essen   B = Ballaststoffe – gezielt essen

33

C

Nw	kcal	kJ	Nw	kcal	kJ
K Croissant, *Knack & Back*, BM, *Kraft*, 1 Stück	140	586	E *Danino, Gervais*, 250 g	338	1415
K Crunch, die Weiße	540	2265	*Danone* extra cremig, Diät, 150 g	113	476
K Crunch-Vollmilch	490	2070	E *Danone* Frucht	108	456
K *Crunchy Nut*, *Kellogg's*, 30 g	115	488	E *Danone* Vital C, 125 g	107	450
Cuba libre (2 cl Rum, 0,2 l Cola)	162	678	*Dany* Cremepudding, i. D., 125 g	131	563
Cuja Mara Split, *Langnese*, 1 Stück	95	398	*Dany+Sahne*, Schoko, 125 g	142	596
Cumberland Sauce	253	1066	*Dany+Sahne*, Vanille, 125 g	136	570
Cumberlandsoße, 1 EL	37	155	Danziger Gold-wasser, 38%, 2 cl	75	314
Curaçao blue, 30%, 2 cl	75	314	K Dattelmark, *Frema*	275	1151
Curry-Ketchup, *Thomy*, 1 EL	25	105	K Datteln, frisch	274	1147
Currypulver, 1 TL	3	18	K Datteln, frisch, 1 Stück, 15 g	35	147
Curry Sauce, Fein-schmecker, *Knorr*, 250 ml	200	840	KB Datteln, getrocknet	305	1277
Currysoße, *Maggi*, 60 ml	25	105	KB Datteln, getrocknet, 1 Stück, 7 g	35	147
F Currywurst (ohne Soße), 1 Stück, 150 g	550	2302	Dauerhefe, 7 g	25	105
V Curuba	25	105	F Debrecziner, 1 Paar i. D.	648	2712
Cyclamat	0	0	*deit*, Diätlimonade (Orange), 0,2 l	6	25
Cynar, Bols, 4 cl	100	419	*Délice*, Dessert mit Früchten, *Migros*, 1 Becher	151	632
			KB Delikateß-Knäcke-brot, 1 Scheibe	30	125
D			Delikatess-Mayon-naise, Thomy, 1 EL	185	785
			Delikateß-Würstchen, kalo-arm, *Rademann*	146	611
D-Pils Spaten, 0,33 l	106	442	Desserts, s. einzelne Sorten		
Daiquiri, 5 cl	85	356	FK Dessert-Kuchen »*Comtess*«, *Bahlsen*	450	1910
Dalmatia-Salat, Kühne	43	180	Dessert-Quark, *Elite*, 1 Becher, 125 g	129	540
E Damhirsch	116	486	Dessert Saucen, i. D., *Schwartau*	200	850
E Damhirsch, 1000 g Einkauf	960	4019			
Dampfnudeln, *Iglo* TK	159	672			
F *Danablu*, 50%	413	1729			

D

Nw	kcal	kJ	Nw	kcal	kJ
Dessertwein, 5 cl	80	335	Diät-Dessert, Schokolade, *Rademann*	143	599
Deutscher Kaviar	126	533	Diät-Dessert, Vanille, *Rademann*	126	527
K Dextro-Energen, 1 Täfelchen	21	90	Diät Drink, Vanille, Ananas, Waldfrucht, *Multaben*, 1 Portion	139	587
Dextro ENERGEN Power Getränk, 250 ml	113	480	Diät-Eisbecher i. D.	75	314
K Dextropur, 1 TL	18	78	Diätflan Caramel, *Migros*, 1 Becher	86	360
Dezaley, 0,25 l	166	695	Diät-Früchtequark, *Migros*, 1 Becher	104	435
Dhudi	18	75			
Diabetikerbier, 0,25 l	102	427	Diätgebäck, *Biscotti*, *Rademann*	428	1792
Diabetiker-Biscuits, Haselnuß, *Migros*, 3 Stück	61	255	Diätgebäck, *Butterkeks, Rademann*	503	2106
B Diabetiker-Knäckebrot, 1 Scheibe	31	130	Diätgebäck, *Butterspekulatius, Rademann*	466	1951
Diabetikerkonfitüren, *Schneekoppe*, 1 TL, i. D.	16	70	Diätgebäck, *Schoko-Oblaten, Rademann*	580	2428
Diabetikerpflaumenmus, 1 TL	20	84	Diätgebäck, *Tageskeks*, *Rademann*	443	1854
Diabetikerschokoladen, *Schneekoppe* i.D.	514	2129	Diätgebäck, Zwieback, *Rademann*	415	1737
Diabetiker-Sirup, 1 EL	62	260	Diät-Gelee, Quitte, *Libh*, 1 TL	20	84
Diabetiker-Süße, *Sionon*	240	1000	Diät-Joghurt, Frucht, *Ehrmann*, 150 g	100	425
Diabetiker-Süße, *Sionon*, 1 EL	48	200	Diät Kartoffel-, Gemüse-, Gulaschsuppe, *Multaben*, 1 Portion	134	565
Diabetikerweine, 0,25 l i. D.	165	691			
Diabetikerzucker	400	1674	Diät-Konfitüre, extra-»light«, *Zentis*, 1 TL	11	47
Diabetikerzucker, *Schneekoppe*, 1 EL	80	340	Diät-Konfitüren, 1 TL, i. D.	20	84
Diät-Altbier, 0,33 l	135	565	Diät-Kurmolke, *Heirler*, 0,2 l	78	327
Diätaromat	0	0			
Diät-Becher, Erdbeer, *Schöller*, 1 Becher	81	339	Diätmargarine, s. u. Produktnamen		
Diät-Dauergebäck, *Studt*	318	1331			

Nw = Nährwerte: E = viel Eiweiß – bevorzugt essen   F = viel Fett – vorsichtig essen
K = viele Kohlenhydrate – überlegt essen   M = viele Mineralstoffe – bevorzugt essen
V = viele Vitamine – bevorzugt essen   B = Ballaststoffe – gezielt essen

Nw		kcal	kJ	Nw		kcal	kJ
D	Diät-Nuß-Nougat-Creme, Lihn	542	2257	E	Dickmilch, fettarm, mit Frucht	78	327
	Diätobst mit Fruchtzucker i. D.	80	335	E	Dickmilch mit Frucht, 3,5%	99	414
	Diätöl, s. a. einzelne Sorten u. Produktnamen			EF	Dickmilch, Sahne-, mit Frucht	149	624
	Diät-Pflanzencreme, *becel*	650	2680	EF	Dickmilch, Sahne-, 10%, *Müller*, 200 g	126	531
	Diätpils, 0,33 l	107	448	V	Dill, frisch, 1 Bund	5	21
	Diätpralinen, *Rademann* i. D.	488	2043	V	Dill, *Iglo* TK, 25 g	17	71
	Diät-Pudding, *Schneekoppe*, 125 g	409	1740		Dillgurke	17	71
EV	Diät-Quark mit Früchten, *Ehrmann*, 125 g	125	525		Dillhappen-Salat, *Homann*, 1 Becher	502	2101
				KB	Dinkel, gemahlen	382	1599
	Diät-Sirup, Vanille, Lihn	328	1394	KB	Dinkel, Korn	369	1545
K	Diät-Spekulatius	454	1900		Dino-dinner, Junior, *Unox*, 1 Portion	144	609
	Diät-Süße, *Lihn*	23	90	F	Dissin-Fett, Homann	930	3893
	Diät-Vanille-Kipferl, *Schneekoppe*	544	2271	F	Dissin-Fett, Homann, 1 EL	140	586
K	Diät-Waffeln i. D.	530	2219		Distelhäuser Leichtes, 0,5 l	130	565
	Diät-Würzmittel, *Alevita*, ½ TL	4	17	F	Distelöl, *Vitaquell*, 100 ml	819	3367
	Diätzucker-Sorbit, Holex	390	1633	F	Distelöl, *Vitaquell*, 1 EL	74	303
F	*diasan, Eden*	720	3014	F	Distelöl, *Vitaquell*, 1 TL	25	101
F	*diasan, Eden*, 1 EL	108	452	KB	Dörrobst, gemischt	269	1126
KB	Dicke Bohnen, *Iglo* TK	72	306	KB	Dörrzwetschgen, 6 Stück, 40 g	108	452
KB	Dicke Bohnen, 500 g Einkauf	250	1047		Dôle, 0,25 l	170	712
E	Dicke Milch auf Frucht, i. D., *natreen*	48	201		Dominostein, 1 Stück	40	167
	Dickmann, 1 Stück	104	437		Domtaler, Sionon, 1 Stück	73	303
	Dickmann, mini, 1 Stück	36	150	V	Donata, trinkfertiger Sanddorn, 0,1 l	40	167
E	Dickmilch, 3,5%, *Müller*, 200 g	136	580	K	Donats McDonalds, Portion i. D.	296	1237
E	Dickmilch, fettarm, 1,5%	48	201		Donauwellen, BM, *Kraft*, 1 Stück	243	1017
					Doornkaat, 38%, 2 cl	42	176

E

Nw	kcal	kJ
Doppeldecker, Dessert, *chambourcy*, 125 g i. D.	115	481
Doppelkorn, 38%, 2 cl	44	184
F Doppelrahmfrisch-käse, 60%, 62,5 g	213	892
Doppelwacholder, 38%, 2 cl	42	176
F *Dorahm*, 60%, 62,5 g	216	904
E Dorsch	78	326
E Dorsch, 200 g Einkauf	88	184
E Dorsch, getrocknet	361	1511
Dorschrogen	112	469
Dosenmilch, 7,5%, 1 TL	7	29
Dosenmilch, 10%, 1 TL	9	38
Doubel Whopper, *BurgerKing*, 1 Stück	577	2413
K *Doughnut*, 1 Stück	200	837
Drachen-Brühe, Junior, *Unox*, 1 Portion	198	831
Drops, s. a. Bonbons		
Drops, 1 Stück i. D.	20	84
Dschungel-Nudeln, Junior, *Unox*, 1 Port.	185	782
Dubonnet, 5 cl	60	251
K *Duplo*, 1 Riegel	100	410
V Eberesche, süß	411	1720
Edamer, 30%	266	1113
Edamer, 40%	331	1386
Edamer, 45%	371	1553
K Edelbitterschokolade	540	2260

Nw	kcal	kJ
K Edelbitterschokolade, 1 Kästchen	20	84
MV Edelhefe-Tabletten, *Dr. Ritters*, 12 Stück	17	71
Edelmarzipan, *Fructusan*, 1 Stück	66	276
F Edelpilzkäse, 50%	368	1540
Edelpilz-Sauce, Knorr, 250 ml	200	840
Edelzwicker, 0,25 l	150	628
Egerlinge	30	126
Eggnogg, 0,1 l	280	1172
E Egli	89	372
E Egli, 200 g Einkauf	72	301
Egg McMaffin McDonalds	410	1714
Ei, 1 Stück, Klasse 4, 55–60 g	87	364
V Eichblattsalat	18	75
Eierfrucht, 1 Stück, 250 g	53	222
Eiergebäck, *Sionon*, 1 Stück	11	45
Eiergrog, 0,2 l	300	1256
Eierlikör, 20%, 2 cl	50	209
Eiermuschelsuppe, *Maggi*, 0,25 l	50	220
V Eierpflaume, 1 Stück	12	50
Eiersalat, »*Du darfst*«	132	559
Eier-Salat, *Nadler*	250	1047
E Eierschwammerl	23	96
E Eierschwammerl, 500 g Einkauf	70	293
E Eierschwammerl (Dose)	34	142
Eierteigwaren, s. a. Nudeln		
KB Eierteigwaren	390	1632
F Eigelb, 1 Stück	69	289

Nw = Nährwerte: E = viel Eiweiß – bevorzugt essen   F = viel Fett – vorsichtig essen
K = viele Kohlenhydrate – überlegt essen   M = viele Mineralstoffe – bevorzugt essen
V = viele Vitamine – bevorzugt essen   B = Ballaststoffe – gezielt essen

E

Nw	kcal	kJ	Nw	kcal	kJ
Einmachhilfe, Dr. Oetker, 1 Packung	23	93	Eis, Diät-Schoko, 1 Becher, Langnese	88	372
Eipulver, Vollei	613	2566	Eis, Domino, Langnese, 1 Stück	134	570
Eipulver, Vollei, 1 EL	36	151	Eis, Erdbeer Sorbet, Mövenpick	133	558
Eipulver, Vollei, 1 TL	12	50			
Eis, bottermelk fresh, Zitrone, Langnese, 1 Packung (500 ml)	494	2068	Eis, Frucht-, 1 Kugel, 75 g	105	440
Eis, bottermelk fresh Zitrone, Langnese, 1 Stück	181	769	Eis, Fürst-Pückler-Art, Dr. Oetker, 1 Portion	90	377
Eis Brauner Bär, 1 Stück	140	592	Eis, Haselnuß, Dr. Oetker, 1 Portion	280	1171
Eis, Brombeer-Joghurt, Mövenpick	264	1105	Eis, Irish Coffee, Dr. Oetker »Das Feine«, 1 Portion (200 ml)	270	1129
Eis, Calippo Zitrone, Erdbeer, Langnese, 1 Stück	109	462			
Eis, Capri, Langnese, 1 Stück	53	225	Eis, Jamaica Royal, Langnese, 500 ml	632	2680
Eis, Carte d'Or Erdbeer, Langnese, 1 Packung	991	4201	Eis, Königsrolle, Langnese, 1 Packung	1062	4501
Eis, Carte d'Or, JoghurtWaldfrucht, Langnese, 1 Packung	1057	4480	Eis, Magnum, Langnese, 1 Stück	294	1231
Eis, Chocolat-Praliné, Dr. Oetker »Das Feine«, 1 Portion (200 ml) i. D.	270	1129	Eis, Maple Walnuts, Mövenpick	285	1193
			Eis, Milch-, 1 Kugel, 75 g	120	502
Eis, Cornetto-Erdbeer, Langnese, 1 Stück	157	665	Eis, Nogger Choc, Langnese, 1 Stück	272	1154
Eis, Cornetto-Nuß, Langnese, 1 Stück	220	932	Eis, Nougat-, Schöller	227	949
Eis, Creme Pfirsich, Mövenpick	179	749	Eis, Pistache, Mövenpick	240	1004
Eis-Croissants Langnese, i. D.	377	1571	Eis, Ristorante, Vanille, Dr. Oetker, 1 Portion	238	996
Eis, Cuja Mara Split, Langnese, 1 Stück	98	414	Eis, Rumtopf, Dr. Oetker, 1 Portion (200 ml)	249	1044
Eis, Dessertbecher, Nuß, Schöller, 1 Stück	49	204	Eis, Sahne-, 1 Kugel, 75 g	150	628
			Eis, Sahne-Tiramisu, Langnese, 1 Packung	1195	5066

Nw	kcal	kJ
Eis, *Sandwich*, *Schöller*, 1 Stück	94	392
Eis, Schokoladen-, 1 Kugel, 75 g	200	837
Eis, *Schwarzwald Royal, Langnese*, 1 Packung	538	2282
Eis, *Schwarzwaldbecher, Langnese*, 1 Becher	172	720
Eis, Soft-, Frucht, 1 Portion, 50 g	50	209
Eis, Soft-, Milch, 1 Portion, 50 g	70	293
Eis, Vanille-, 1 Kugel, 75 g	150	628
Eis, *Venetia*, Amarena, *Dr. Oetker*, 1 Portion (200 ml)	214	900
Eis, *Venetia*, Straccia-tella, *Dr. Oetker*, 1 Portion (200 ml)	227	950
Eis, *Vienetta Schokola-de, Langnese*, 500 ml	728	3087
Eis, *Walnuß, Carte d'Or*, 1 Packung	1288	5462
EF Eisbein, hinteres	314	1314
EF Eisbein, hinteres, 1000 g Einkauf	2400	10046
EF Eisbein, vorderes	271	1134
EF Eisbein, vorderes, 1000 g Einkauf	1800	7535
V Eisbergsalat	15	63
V Eisbergsalat, 500 g Einkauf	55	230
Eisbombe, *Mövenpick*	214	894
Eisbonbon, 1 Stück	20	84
Eis-Konfekt, *Langnese*, 1 Packung	394	1670
E Eismeer-Krabben	80	335

Nw	kcal	kJ
Eistorte, *Vacherin*, *Migros*, 1 Stück	312	1306
Eiswaffel, 1 Stück	25	105
Eiswaffeltüte, 1 Stück i.D.	40	167
Eiswein, 0,25 l	320	1340
E Eiweiß, 1 Stück	18	75
Eiweiß-Karamel-Riegel, *Diäko*, 1 Riegel	139	590
Eiweiß-Zimt-Kräcker, *Diäko*	148	630
El Ventero, 45%	380	1596
E Elchfleisch	130	544
E Elchfleisch, 1000g Einkauf	985	4123
K Elisenlebkuchen, 1 Stück, 50 g	190	795
Elsässer Flamm-küchle, *bofrost**, 125 g	342	1425
F Emmentaler, 45%	401	1679
F Emmentaler *Scheiblet-ten*, 45%, *Kraft*, 1 Scheibe, 25 g	76	318
MV Endiviensalat	17	71
Energie-Plus, Trau-benzuckertabletten, *Hipp*, 1 Stück	13	54
· Ente	243	1017
Ente, 1000 g Einkauf	1944	8138
Ente Shanghai, *Dr. Oetker*, 1 Gericht	301	1258
Entenei, 1 Stück	100	419
E Entenleber	147	615
Entenleber-Paté	313	1322
E Entrecôte	126	527
K *Epifin*	367	1636
K *Epifin*, 1 TL	18	75
VB Erbsen, grün	79	331

**Nw = Nährwerte: E = viel Eiweiß – bevorzugt essen   F = viel Fett – vorsichtig essen
K = viele Kohlenhydrate – überlegt essen   M = viele Mineralstoffe – bevorzugt essen
V = viele Vitamine – bevorzugt essen   B = Ballaststoffe – gezielt essen**

39

E

Nw	kcal	kJ	Nw	kcal	kJ
VB Erbsen, grün, 500 g Einkauf	158	661	Erdbeerkonfitüre, Fruchtzucker, kalo-arm, *Libn*, 1 TL	17	72
VB Erbsen, grün (Dose)	56	233	V Erdbeertomate	58	243
KB Erbsen, Hülsenfrucht	370	1549	FB Erdnüsse mit Schale	415	1737
Erbsen und Karotten (Dose oder Glas)	48	201	EF Erdnußbutter	630	2637
MV Erbsen und Karotten, *Iglo*, 450 g	270	1148	KF Erdnußflips	530	2219
Erbsen-Eintopf mit Fleischbällchen, Hipp-Diät, 200 g	260	1099	KF Erdnußflips, 1 EL	20	84
Erbsenpüree, *Pfanni*, 150 g	93	393	FB Erdnußkerne	631	2641
Erbsensuppe mit Schinken, 1 Teller	65	280	FB Erdnußkerne, 8 Stück	94	393
Erbsensuppe, *Maggi*, 0,25 l	60	225	EF Erdnußmus, *granoVita*	619	2591
Erbsen-Suppenterrine, Sonnen (Dose), 425 g	378	1582	EF Erdnußmus, *granoVita*, 1 TL	31	130
Erbsentopf mit Speck, Maggi, 0,25 l	160	675	F Erdnußöl, 100 ml	820	3360
Erbswurst gelb, mit Speck, *Knorr*, 1 Teller	80	340	F Erdnußöl, 1 EL	83	347
Erbswurst grün, mit Räucherspeck, *Knorr*, 1 Teller	70	290	K Erfrischungs- schokolade	570	2386
V Erdäpfel	72	301	K Erfrischungsschoko- lade, 1 Kästchen	50	209
V Erdäpfel, 1000 g Einkauf	576	2411	*Escorial grün*, 56%, 2 cl	80	335
Erdartischocke	81	339	E Eselsmilch, 0,25 l	108	452
Erdartischocke, 500 g Einkauf	279	1168	V Eskarol	17	71
Erdbeerbowle, 0,25 l i. D.	250	1047	V Eskarol, 500 g Einkauf	66	276
V Erdbeeren	37	155	Espresso	0	0
V Erdbeeren, 500 g Einkauf	180	753	Espresso, mit Zucker, 1 Tasse	35	147
Erdbeeren (Dose)	86	360	*Esrom*, 45%, *Kraft*	340	1423
V Erdbeeren, *Iglo*, 250 g	100	425	Essig, s. a. einzelne Sorten		
K Erdbeerkonfitüre, 1 TL	26	110	Essig, 1 EL	4	17
			B Eßkastanien	211	883
			B Eßkastanien, 8 Stück	95	398
			B Eßkastanien, 500 g Einkauf	844	3533
			Estragon, gehackt, 1 EL	1	4
			Eukalyptus-Gummi- drops, *Konsul*, 50 g	160	670
			Eukalyptus-Pastillen	261	1093

F

Nw	kcal	kJ	Nw	kcal	kJ
Euter	234	979	E Feine Rotbarsch-		
V *Exota, Vitaborn*, 0,2 l	57	239	Filets, Iglo, 300 g	280	1172
E Exportbier, 0,5 l	292	1222	E *Feine Scholle »Sylter*		
Exquisit-Pastete,			*Art«, Iglo,* 250 g	312	1308
Tartex, 25 g	72	301	*Feiner Keks,*		
			Fructusan	452	1892
			Feines Dessert, Creme		
			Vanille, *»Du darfst«*	76	321
			Feinkostsoße zum		
			Braten, *Knorr,* 250 ml	115	480
			E Felchen	108	452
K Fadennudeln,			E Felchen, 200 g		
gekocht (=30 g roh)	117	490	Einkauf	146	611
K Fadennudeln, roh			MV Feldsalat	22	92
(=350 g gekocht)	390	1633	MV Fenchel	49	205
Fanfare Waffelröll-			MV Fenchel, 500 g		
chen, 1 Stück	32	134	Einkauf	227	950
K Farinzucker	382	1599	Fendant, 0,25 l	167	701
KB *Farmer Flocs, Migros*	466	1951	K *Ferrero Küßchen,*		
MV *Farmers Gemüse, Iglo,*			1 Stück	65	272
300 g	108	459	K *Ferrero Rocher,*		
E Fasan	143	599	1 Stück	59	247
E Fasan, 1000 g			Fertigpudding,		
Einkauf	1100	4605	s. einzelne Sorten		
Faschiertes, gemischt	285	1193	F *Feuertopf, Sonnen,*		
Fastentrank, Schoenen-			250 g	168	703
berger, 0,1 l	28	117	Feuerzangenbowle,		
Favorel	397	1669	0,25 l	400	1674
V Federkohl	25	105	E Filet, Kalb	104	435
V Federkohl, 1000 g			E Filet, Rind	126	527
Einkauf	193	808	E Filet, Schwein	176	737
KB Feigen, getrocknet	272	1139	*Finn Crisp, Wasa,*		
KB Feigen, getrocknet,			1 Scheibe	21	89
1 Stück, 15 g	40	167	V Finocchio	49	205
MV Feigen, frisch	73	306	V Finocchio, 500 g		
MV Feigen, frisch,			Einkauf	227	950
1 Stück, 60 g	45	188	Fisch-Frikadelle,		
K Feigen, kandiert	311	1301	*Iglo* TK, 1 Stück	84	352
E *Feine Kabeljau-Filets,*			Fischstäbchen, TK,		
Iglo, 300 g	202	845	5 Stück, 150 g i. D.	225	1155

Nw = Nährwerte: E = viel Eiweiß – bevorzugt essen   F = viel Fett – vorsichtig essen
K = viele Kohlenhydrate – überlegt essen   M = viele Mineralstoffe – bevorzugt essen
V = viele Vitamine – bevorzugt essen   B = Ballaststoffe – gezielt essen

F

Nw	kcal	kJ	Nw	kcal	kJ
Fischstäbchen, TK, fritiert, 5 Stück	333	1394	Fleischklößchen-Nudelsuppe, Heisser Becher, Unox, 1 Becher	118	503
Fischsuppe Marseille »Bistro«, Iglo TK, 1 Tasse	94	393	Fleischklößchen und Kartoffeln, Rademann	71	297
V Fisolen	35	146	F Fleischpastete i. D.	380	1591
V Fisolen, 500 g Einkauf	167	699	E Fleischpastete, Geflügel, Gutfried	160	670
K Fit Chips, XOX	514	2151	Fleisch-Plätzli, Iglo TK, 1 Stück, 50 g	85	360
Fix für Chili con Carne, Maggi	118	497	F Fleischrotwurst	400	1674
Fix für Schlemmer-fisch à la Bordelaise, Maggi	171	722	F Fleischsalat i. D.	360	1507
Fix für Pfannen-Gyros, Maggi, 1 Beutel	90	380	Fleischsalat, »Du darfst«	225	955
Flädli-Suppe, Knorr, 1 Teller	100	420	Fleischsuppe, Instant, 1 Tasse	9	38
Fladenbrot, Vollkorn	185	770	Fleischsuppe, Instant, 1 Teller	15	63
Flair Crème-Dessert, Nestlé	132	558	Fleischsuppe, Klare, 1 Tasse	10	42
Flana Gelee-Pud-dingpulver, Schoko, Dr. Oetker	290	1237	Fleischsuppe, Klare, 1 Teller	15	63
Flana Gelee-Pud-dingpulver, Vanille, Dr. Oetker	325	1375	F Fleischwurst i. D.	287	1200
F Fleckhering	241	1009	Fleischwurst, »Du darfst«	210	880
Fleisch, s. einzelne Tierarten			Fleischwurst, Geflügel-, Gutfried	240	1005
Fleischbrühe (Würfel), 0,25 l	10	42	Fliederbeeren	46	193
Fleischbrühe, gekörnt, 0,25 l	5	21	Fliederbeersaft, ungesüßt, 0,1 l	38	159
E Fleischextrakt, 1 TL	15	63	Flockenpüree mit Milch, Pfanni	351	1490
F Fleischkäse	268	1123	F Flora-Soft-Margarine	720	3014
E Fleischkäse, Trut-hahn-, Gutfried	200	837	Flora pflanzlicher Brotaufstrich i. D.	214	887
Fleischklößchen, Iglo TK, 1 Stück, 15 g	34	145	Florentiner Kuchen, KM, Dr. Oetker	383	1621
			Florida-Salat, Homann, 150 g	400	1674
			B Flüggelin, Leinsaat-Molkemischung	460	1926

Nw	kcal	kJ	Nw	kcal	kJ
E Flunder	79	331	E Forelle, geräuchert	128	565
E Flunder, 200 g Einkauf	71	297	E Forellenfilet, geräuchert, *Eismann* TK, 1 Stück	74	313
E Flunder, geräuchert	121	506	E Forsana Diät-Drink		
E Flunder, geräuchert, 100 g Einkauf	94	393	mit Joghurt, 1 Tagesration = 5 Portionen	935	3914
E Flußbarsch	89	373	E Forsana Diät-Eiweiß-		
E Flußbarsch, 200 g Einkauf	72	301	müsli, 1 Tagesration = 5 Portionen i. D.	970	4060
E Flußkrebse	71	297	E Forsana Diät-Mahl-		
E Flußkrebse, 500 g Einkauf	82	343	zeit, 1 Portion, 300 g i. D.	280	1172
E Flußkrebs, 1 Stück i. D.	30	126	E Forsana Diät-Schlank-		
E Fogosch	94	393	speise, 1 Tagesration = 5 Portionen	1070	4479
E Fogosch, 200 g Einkauf	92	385	E Forsana Diät-Schlank-		
F Foie de canard, Pâté de, 1 EL	65	272	trank, 1 Tagesration = 5 Portionen	950	3977
F Foie d'oie, Pâté de, 1 EL	65	272	E Forsana Diät-Suppen, 1 Teller i. D.	200	837
F Foie gras	230	963	Framboise, 2 cl	65	272
F Foie gras au naturel	250	1047	K Frankfurter Kranz, BM, *Dr. Oetker*, 1 Stück	323	1368
F Foie gras, Bloc	200	837			
F Foie gras, Mousse de, 1 EL	80	335	Frankfurter Würst- chen i. D.	286	1197
K Fondantwürfel, 1 Stück	60	251	F Freiburger Vacherin, 50%	365	1528
Fondor, Würze, 1 Würfel, 4 g	10	41	French Dressing, *Kraft*, 1 EL	34	142
Fondor, Streuwürze, 1/2 TL	3	13	*Frey Instant*, *Migros*, 1 TL	20	84
Fondue fixfertig, *Migros*, 1 Portion mit Brot	627	2625	E Friesenkrabben (Dose oder TK)	103	431
Fondue-Remouladen- sauce, *Kühne*, 1 EL	77	322	Frikadelle, *bofrost** TK, 1 Stück (75 g)	180	752
E Forelle	112	469	Frikadellen, Vegeta- rische, *Tartex*	177	741
E Forelle, 200 g Einkauf	116	486			

F

Nw = Nährwerte: E = viel Eiweiß – bevorzugt essen   F = viel Fett – vorsichtig essen
K = viele Kohlenhydrate – überlegt essen   M = viele Mineralstoffe – bevorzugt essen
V = viele Vitamine – bevorzugt essen   B = Ballaststoffe – gezielt essen

43

Nw	kcal	kJ	Nw	kcal	kJ
F Frikassee, Vegeta-risches, *Tartex*	102	427	K Fruchtkonfitüren, 1 TL i. D.	38	159
K Frischbackgipfel, *Migros*, 1 Stück, 33 g	151	632	Fruchtnektare, 0,2 l i. D.	130	544
K Frischbacksemmeli, *Migros*, 1 Stück, 40 g	120	502	E Fruchtquark, 20%	147	615
K Frischbackweggli, *Migros*, 1 Stück, 35 g	117	490	E Frucht-Quark, *natreen*, 150 g	88	372
E *Frischette*, 20%, *Adler*	145	607	Fruchtsäfte, s. a. ein-zelne Sorten		
E Frischkäse, körniger, 20%	105	440	V Fruchtsäfte (gesüßt), 0,2 l i. D.	101	423
E Frischkäse mit Kräu-tern, *»Du darfst«*	140	580	V Fruchtsäfte mit Süß-stoff, 0,2 l i. D.	80	335
E Frischling	113	473	V Fruchtsäfte (unge-süßt), 0,2 l i. D.	80	335
E Frischling, 1000 g Einkauf	883	3696	Fruchtsaftgetränke, 0,2 l i. D.	90	377
V Friséesalat	17	71	Fruchtsaftliköre, 20%, 2 cl i. D.	45	189
Frites, *McCain*	210	885	Fruchtsaftliköre, 30%, 2 cl i. D.	65	272
Froot Loops, *Kellogg's*, 30 g	116	490	KB Fruchtschnitten, Früchte, *granoVita* i. D.	377	1578
KB *Frosties*, *Kellogg's*, 30 g	113	478	KB *Fruchtschnitten*, Haselnuß, *granoVita*	460	1926
Frucht-Cocktail, *Libby's*, 1 Portion	90	377	Fruchtsirup, 1 EL i. D.	55	230
Frucht-Duett, Frucht, *Lünebest*, 125 g	120	502	Fruchtsuppe, Sand-dorn, *Cenovis*, 1 Teller	177	741
Frucht-Duett, Nuß, *Lünebest*, 125 g	145	607	K *Fruchtzauber*, i. D., *Dr. Oetker*, 1 Becher	209	885
K Fruchtgummi	340	1423	K Fruchtzucker	400	1674
Fruchtgummi, 1 Stück	14	59	K Fruchtzucker, 1 EL	60	251
Fruchtaufstrich Apri-kose, *Schneekoppe*	139	592	K Fruchtzucker, 1 TL	20	84
Fruchtaufstrich Light, i. D., *Schwartau*	149	631	K Fruchtzucker *Sionon*	400	1700
Fruchtaufstrich *vitamin-Frühstück*, *Schwartau*	253	1075	K Fruchtzuckerbonbon	390	1632
Fruchtkaltschalen, FP, 1 Teller i. D.	180	753	K Fruchtzuckerbonbon, 1 Stück	19	80
Fruchtkaltschale, Instant, *Dr. Oetker*, 1 Portion i. D.	151	643	K Fruchtzucker-Konfi-türe, kalorienredu-ziert, *Lihn*, 1 TL	14	59
BK *Frucht-Kleie-Keks*, Drei Pauly	414	1733			

Nw		kcal	kJ	Nw		kcal	kJ
K	Fruchtzucker-konfitüren, *Schnee-koppe*, 1 TL i. D.	19	80		Frühstückskonfitüre extra, *Zentis*, 1 TL	25	104
K	Fruchtzucker-Hage-buttenkonfitüre, 1 TL i. D.	16	70	F	Frühstücksspeck, gekocht	611	2558
K	Fruchtzucker-Pflaumenmus, 1 TL	20	84		Frühstücksspeck, kroß gebraten, ohne Fett	330	1381
K	Fruchtzuckerschoko-lade, Edelbitter	548	2294	F	Frühstücksspeck, roh	658	2754
K	Fruchtzuckerschoko-lade, *Noisette*	568	2378		*Frutin*, 1 TL	20	84
K	Fruchtzuckerschoko-lade, Vollmilch	546	2252		*Fruttina* Pudding, *Dr. Oetker*	69	291
	Fruchtzwerge, Gervais, 1 Becher, 50 g	76	318	B	*Fünf-Korn-Suppe*, *Cenovis*, 1 Teller	82	343
FK	Früchtekuchen *Comtess, Bahlsen*	415	1770	KB	*5-Korn-Waerlandbrot*, *Lieken*	213	892
	Früchte Mini, Studt, 1 Stück, 75 g	196	820		Fünf-Minuten-Terrine, Grießklößchentopf, *Maggi*, 1 Becher	175	745
KB	Früchte-Muesli, *Schneekoppe*	343	1456		*Fünf-Minuten-Terrine*, Hühner-Nudeltopf, *Maggi*, 1 Becher	150	640
	Früchtequark, Diät-, *Migros*, 125 g	104	435		*Fünf-Minuten-Terrine* Nasi Goreng, *Maggi*, 1 Becher	270	1135
	Früchte-Traum, *Ehrmann*, 1 Becher, 125 g	180	754		*Fünf-Minuten-Terrine*, Nudeln in Rahm-soße, *Maggi*, 1 Becher	290	1230
BV	Früchte-Vollkorn-Müsli, *Kölln*	354	1503				
	Frühlingsrolle TK, 1 Stück, 150 g i. D.	200	837				
	Frühlingsrolle, *Dr. Oetker*, 1 Gericht	174	738				
	Frühlingssuppe, *Alevita*, 1 Teller	68	285		*Gala-Pudding*, *Dr. Oetker*, i. D.	110	450
	Frühstücksfleisch i.D.	313	1310		*Galetta-Pudding*, *Dr. Oetker*	107	456
BK	*Frühstücksflocken*, *Knorr*, 1 Portion (100 g + 125 ml Milch) i. D.	445	1880	F	Gans	370	1549
				F	Gans, 1000 g Einkauf	2293	9598

G

G

Nw = Nährwerte: E = viel Eiweiß – bevorzugt essen   F = viel Fett – vorsichtig essen
K = viele Kohlenhydrate – überlegt essen   M = viele Mineralstoffe – bevorzugt essen
V = viele Vitamine – bevorzugt essen   B = Ballaststoffe – gezielt essen

G

Nw	kcal	kJ
Gänsebrust, geräuchert	190	795
Gänseleber, s. a. Foie gras		
Gänseleber	230	963
F Gänseleber-Paté	247	1043
F Gänseleber, Stopf-	500	2093
F Gänselebercreme, 50% i. D.	400	1674
F Gänselebercreme, 50%, 1 EL	80	335
F Gänseleberterrine, 75% i. D.	400	1674
F Gänseleberterrine, 75%, 1 EL	80	335
Gänsepastete, *Jensen's*	341	1427
F Gänseschmalz	947	3964
F Gänseschmalz, 1 EL	142	594
E. Gamsrücken	110	460
KB Garbanzos	368	1540
E. Garnelen, 1 Schwanz, geschält, 30 g	25	105
E. Garnelen, Tiefsee-, *Eismann*	69	292
E. Garnelenschwänze	82	343
Gartenkräuter-dressing, 1 EL	35	146
MV Gartenkresse	46	193
MV Gartenkresse, 1 Kästchen, 25 g	11	46
Gartenmelde	20	84
E. Gazellenfleisch	114	477
Gebäck, s. einzelne Sorten, auch Diät, auch Diabetiker		
Gebirgsenzian, 38%, 2 cl	55	230
KB Gebrannte Mandeln	446	1867
Geflügelcreme-Suppe, Feinschm. *Knorr,* 1 Teller	115	482
Geflügelfleisch-Pastete, *Gutfried*	160	670

Nw	kcal	kJ
Geflügelleber-Pâté	294	1239
Geflügelsalat, »Du darfst«	175	745
Geflügelsalat »Gourmet«, *Nadler*	277	1160
Geflügelsalat »Hawaii«, Hipp Leicht-Menü, 300 g	310	1315
Geflügelterrine, *Hipp Leicht-Menü,* 300 g	250	1046
Geflügel-Würstchen, *Gutfried*	250	1047
Geflügelwurst i. D.	200	837
Gefrorenes, s. Eis		
Gefüllte Paprika-schote in Tomaten-soße, *Diäko*	305	1288
F Geheimratskäse, 45%	417	1746
Geiß	161	674
Gekochte Klöße, 1 Stück i. D.	100	419
E Gelatine, 1 Blatt	6	25
E Gelatine, gemahlen, *Dr. Oetker,* 1 Päckchen	34	142
V Gelbe Rüben	41	172
V Gelbe Rüben, 500 g Einkauf	154	645
F Gelbwurst i. D.	292	1222
Gelee, s. einzelne Sorten		
Gelee, i. D., *Schwartau*	253	1075
Geleewürfel, 1 Stück	50	209
Gelfix, Dr. Oetker, 1 Beutel, 20 g	50	213
Gelfix, Zwei+Eins, Dr. Oetker, 1 Beutel, 25 g	72	306
Gelier-Süße, Sionon	394	1649
Gelierzucker, *Dr. Oetker*	393	1671

Nw	kcal	kJ	Nw	kcal	kJ
K Gelier-Fruchtzucker, *Sionon*	390	1660	V Gemüsesäfte, 0,1 l	30	126
Gemüse, s. einzelne Sorten			V Gemüsesaft, *Gute Ernte, Granini*, 0,1 l	60	252
Gemüse-Allerlei mit Sesam, *Iglo* TK, 300 g	351	1458	Gemüse Stäbchen, *Iglo* TK	174	729
V Gemüse »milchsaures Allerlei«, *Eden*	15	63	Gemüse Schnitzel, *Iglo* TK	203	849
Gemüse plus – grüne Spätzle, *Iglo*, 1 Portion	68	289	Gemüsesuppe mit *Disney*-Nudelfiguren, 1 Teller	85	356
Gemüsebouillon, *Knorr*, 1 l	40	170	Gemüse-Topf, Bunter, *Erasco*	43	178
Gemüsebrühe, natriumarm, *Cenovis*, 1 Teller	29	121	Genever, 2 cl	65	272
			Geräuchertes in Grünkohl, *Hipp*-Diät, 300 g	279	1182
Gemüse-Burger, *Iglo*, 1 Portion	125	526	Germ, s. a. Hefe		
Gemüsecremesuppe mit Croutons, *Knorr*, 1 Teller	105	440	V Germ, Bäcker-, 20 g	20	84
			K Germknödel, *Iglo* TK, 1 Stück	448	1834
M Gemüseeintopf Gärtnerin Art, *Iglo*, 750 g	323	1365	KB Gerste, entspelzt, ganzes Korn	369	1545
Gemüsekarotten mit Hollandaiser Soße, *Diäko*	276	1152	KB Gerstengrütze	368	1540
			KB Gerstengrütze, 1 EL	74	310
			KB Gerstenmehl	369	1545
Gemüse-Kartoffel-Auflauf, *Erasco*, 1 Portion	361	1508	F *Gervais*-Rahmfrischkäse, 70%, 62,5 g	213	892
			F Geselchtes, fett	360	1507
Gemüsekonserven i. D. (außer Erbsen)	24	100	Geselchtes, mager	264	1105
Gemüse-Nudel Suppe, *heisser Becher, Unox*, 1 Becher	125	531	Gewürze	0	0
			Gewürzgurke	15	63
			K Gewürzkuchen, BM *Kraft*, 1 Stück	151	632
Gemüse-Pfanne *Shanghai, Dr. Oetker*, 1 Gericht	174	729	Gewürzmischungen, 1 TL	3	18
			Gewürztraminer, Elsaß, 0,25 l	175	733
Gemüsepfanne *Toscana, Dr. Oetker* TK	55	299	Gewürztraminer, Steiermark, 0,25 l	140	586
			K *Giandor*-Schokolade	605	2533

Nw = Nährwerte: E = viel Eiweiß – bevorzugt essen   F = viel Fett – vorsichtig essen
K = viele Kohlenhydrate – überlegt essen   M = viele Mineralstoffe – bevorzugt essen
V = viele Vitamine – bevorzugt essen   B = Ballaststoffe – gezielt essen

G

Nw	kcal	kJ	Nw	kcal	kJ
Gin, 40%, 2 cl	65	272	F Gorgonzola, 50%	368	1540
Gin Fizz (5 cl Gin), 0,2 l	195	816	EF Gouda, 45%	382	1599
Gin-Tonic (2 cl Gin), 0,2 l	140	586	E Gouda, »Du darfst«	270	1120
Gin-Tonic, *Schweppes light* (2 cl Gin), 0,2 l	70	293	Goulasch, s. Gulasch		
			Gourmet-Remoulade, *Thomy*, 1 EL	80	340
Ginger Ale, *Schweppes*, 0,2 l	74	310	KB Grahambrot	250	1047
Ginger Ale, *Schweppes light*, 0,2 l	3	13	KB Grahambrot, 1 Scheibe, 40 g	100	419
E Gitzi-Fleisch i. D.	161	674	Grammeln	182	762
E Gitzi-Fleisch, 1000 g Einkauf i. D.	1304	5459	V Granadillo	75	314
			V Granatapfel	77	322
Glace, Doppelrahm-Baumnuß, *Migros*, 150 g	366	1532	Grand Marnier, 2 cl	65	272
			V Grapefruit	42	176
Glace, Rahm-Erdbeer, *Migros*, 1 Cornet, 70 g	124	519	V Grapefruit, 1 Stück, 250 g	80	335
			V Grapefruitsaft, gesüßt (Dose), 0,2 l	96	402
Glace, Rahm-Vanille, *Migros*, 1 Stengel, 40 g	74	310	V Grapefruitsaft, ungesüßt, 0,2 l	64	268
Glace, Wasser-Apfel, *Migros*, 1 Stück, 50 g	41	172	V Grapefruitsaft, *Donath*, 100 ml	37	155
Glühwein, 0,2 l i. D.	195	816	V Grapefruitsaft, »*Leichter Genuss*«, *Granini*, 0,2 l	42	176
Glutamat, 1 TL	2	8	KB Graubrot	244	1021
Götterspeise, FP, 125 g	80	335	KB Graubrot, 1 Scheibe, 40 g	100	419
Götterspeise, i. D., *Dr. Oetker*, 1 Becher	85	356	KB Graupen, Gersten-	370	1549
			KB Graupen, 1 EL	74	310
Götterspeise aus Geleepulver, *Dr. Oetker*	62	262	F Greyerzer-Käse, 49%	411	1720
			Grieben	182	762
Götterspeise, Instant, *Dr. Oetker*	67	284	F Griebenschmalz	940	3935
			KB Grieß	370	1549
Göttinger Wurst i. D.	268	1122	KB Grieß, 1 EL	48	201
Gold-Backfisch, Iglo TK, 125 g	215	900	Grieß-Dessert mit Birnen-Schoko-Soße, *Hipp*, 300 g	325	1490
E Goldbarsch, 200 g Einkauf	109	456	*Grießpudding, Großmutters Elite,* 1 Portion, 125 g	159	666
E Goldbarschfilet	114	477	Grill-Relishes, *Kraft*, 1 EL i. D.	64	268
F Goldrom-Käse, 50%	361	1511			

H

Nw		kcal	kJ
	Grill-Sauce, *Homann*, 1 EL	29	121
	Grillsauce, *Nadler*, 1 EL	14	59
	Grog (4 cl Rum, 2 Stück Zucker)	180	753
	Grüne Grütze mit Sahnesoße, *Dr. Oetker*, 1 Becher	190	804
K	Grüne Nudeln, gekocht (= 30 g roh)	111	465
K	Grüne Nudeln, roh (= 350 g gekocht)	370	1549
KB	Grünkern, Korn	369	1545
KB	Grünkern, 1 EL	74	310
KB	Grünkerngrieß, *Knorr*	330	1420
KB	Grünkernmehl, *Knorr*	330	1420
V	Grünkohl	57	238
V	Grünkohl, 1000 g Einkauf	290	1214
	Grütze, s. einzelne Sorten		
	Grützwurst i. D.	212	887
	Guavas (Dose mit Sirup)	60	251
V	Guave	54	226
V	Guave, 1 Stück, 150 g	80	335
	Güggeli, s. Hähnchen		
	Guinness, GB, 1/2 pint	94	393
	Guinness, Übersee, 0,33 l	216	904
	Gulasch, TK, 250 g i. D.	330	1381
	Gulasch-fix, Maggi, für 500 g Fleisch, 50 g	215	900

Nw		kcal	kJ
	Gulaschsoße, *Maggi*, 60 ml	25	110
	Gulaschsuppe (Beutel), 1 Teller	75	314
	Gulaschsuppe, *Knorr*, 1 Teller	113	473
	Gulaschsuppe (Dose), 1 Teller	150	628
	Gulaschsuppe, Ungarische, *Erasco*	58	245
K	Gummibären	350	1500
	Gumpoldskirchner, 0,25 l	220	921
	Gurke	13	54
	Gurke, 500 g Einkauf	47	197
	Gurke, süß-sauer	40	167
	Gurkensticks	14	59
K	*Gustin*	349	1461
K	*Gustin*, 1 TL	17	71
K	*Gustin* Soßenhelfer, 1 TL	18	75
	Gutsel, 1 Stück i. D.	20	84
	Gutsherren Würstchen, Heine's	254	106

H

Nw		kcal	kJ
	Hackbraten-fix, Knorr, 1 Beutel, 100 g	295	1230
	Hackbraten in Rahmgemüse, *Hipp Leicht Menü*, 300 g	250	1046
F	Hackepeter	360	1507
	Hackfleisch, gemischt	285	1193
	Hackfleischrisotto, *Homann*, 300 g	420	1758

Nw = Nährwerte: E = viel Eiweiß – bevorzugt essen F = viel Fett – vorsichtig essen
K = viele Kohlenhydrate – überlegt essen M = viele Mineralstoffe – bevorzugt essen
V = viele Vitamine – bevorzugt essen B = Ballaststoffe – gezielt essen

H

Nw	kcal	kJ
Hackfleischsoßen-fix, Maggi, für 500 g Fleisch	200	840
E Hähnchen	144	603
E Hähnchen, 1000 g Einkauf	1066	4462
Hähnchen-Backofen-Snacks, Wiesenhof TK	198	829
E Hähnchenbrust	109	456
E Hähnchenbrust, 500 g Einkauf	393	1645
Hähnchenfleisch in Aspik *»leicht & lecker«, Könecke*	82	343
E Hähnchenherzen	139	582
E Hähnchenkeule	120	502
E Hähnchenkeule, 500 g Einkauf	450	1884
E Hähnchenleber	147	615
Hähnchenpfanne, *Wiesenhof*	217	908
MV Häuptelsalat	16	67
KB Hafer, entspelzt	387	1620
KB *Haferfleks*, Knusprige, *Kölln*, 40 g	140	594
KB Haferflocken	405	1695
KB Haferflocken, 1 EL	41	172
KB Haferflocken, Instant, *Kölln*	351	1491
KB Hafergrütze	399	1670
KB Hafergrütze, 1 EL	80	335
KB Hafermehl	411	1720
KB Hafermehl, 1 EL	82	343
V Hagebutten	100	419
Hagebutten-Marmelade, 1 TL	25	105
Hagebutten-Marmelade, *Fructusan*, 1 TL	20	84
Hagebutten-Trunk, *Vitaborn*, 0,2 l	102	427
Haifisch in Öl (Dose)	170	712
E Haifischsteak	85	356

Nw	kcal	kJ
F *Halbarine*	366	1532
F *Halbarine*, 1 EL, 15 g	15	230
Halberstädter Würstchen, 1 Stück, 50 g	130	544
F Halbfettmargarine, *»Du darfst«*	375	1550
E Hallimasch	37	155
KF Halwa	620	2595
Hamburger, *BurgerKing*, 1 Stück	255	1067
Hamburger, *McDonald's*, 1 Portion	254	1067
Hamburger Seemannsgericht *»Labskaus«, Diäko*	260	1090
Hammel, s. Lamm und Schaf		
E Handkäse	138	578
Hanuta, 1 Stück	130	515
F Hartwurst i. D.	550	2302
E Harzer Käse, 10%	96	402
E Hase	124	520
E Hase, 1000 g Einkauf	992	4153
E Haselhuhn	111	465
FK *Hasel-Nougat-Creme, granoVita*, 1 TL	56	234
FB Haselnüsse, 1000 g Einkauf	2916	12206
FB Haselnüsse, gerieben, 1 TL	35	146
FB Haselnußkerne	694	2905
FB Haselnußkerne, 10 Stück	104	435
K Haselnuß-Krokant	474	1984
K Haselnußkuchen, BM, *Kraft*, 1 Stück	123	525
F Haselnußmus	715	2993
Haselnuß-Nougat, *Fructusan*, 1 Stück	73	306
Hasentopf, Eismann TK, 250 g	258	1093

H

Nw	kcal	kJ	Nw	kcal	kJ
Hausnatron, *Dr. Oetker*	0	0	*Heisse Tasse*, Tomaten-Creme-Suppe, *Unox*, 1 Tasse	95	403
E Hecht	89	373			
E Hecht, 200 g Einkauf	98	410	Helle Soße, *Knorr*, 250 ml	140	580
V Hefe, Bäcker-, 1 Würfel	40	84	Helle Soße, *Alevita*, 1 EL	13	54
V Hefe, Bier-, 1 EL	35	147	Helle Soße, Instant, 1 EL	9	38
V Hefe, Bier-, Extrakt, *Cenovis*, 1 EL	23	96	Helle Soße mit Sahne, *Knorr*, 250 ml	165	700
V Hefe, Bier-, flüssig, *Dr. Ritters*, 1 EL	8	35	E Hendl	144	603
Hefe, Trocken-, 1 Päckchen	25	105	*Henninger* Leichtes, 0,5 l	145	606
V Hefeflocken, 1 EL	35	147	*Herbadox*, 1 TL	6	23
Hefeteig, BM *Dr. Oetker*	335	1425	Hering, grün, 1 Stück	160	670
Hefeteig, *Knack & Back, Kraft*, 1 Packung (300 g)	930	3893	Hering, grün, Ostsee-	109	456
VB Heidelbeeren	62	259	Hering in Gelee	176	737
Heidelbeeren mit Fruchtzucker, *Libn*-Diät	82	347	Hering, mariniert	225	942
			Heringsfilet in Tomatensoße	217	908
V Heidelbeernektar, *Donath*, 100 ml	53	226	Heringssalat, Roter, »*Du darfst*«	135	570
KB Heidenmehl	369	1545	K Heringssalat, rot, *Nadler*	253	1059
E Heilbutt	110	460	K Heringssalat, weiß, *Nadler*	246	1030
E Heilbutt, 200 g Einkauf	176	737	K *Heringstipp, Nadler*	285	1193
E Heilbutt, geräuchert	238	996	*Herrenbräu* Leichtes Weizen, 0,5 l	135	564
E Heilbutt, geräuchert, 200 g Einkauf	362	1516	FK Herrenkuchen »*Comtess*«, *Bahlsen*	435	1860
Heisse Tasse, Champignon-Creme-Suppe, *Unox*, 1 Tasse	63	266	E Herrenpilze	34	142
			E Herrenpilze, 500 g Einkauf	135	565
Heisse Tasse, Gemüse-Creme-Suppe, *Unox*, 1 Tasse	89	378	*Herrentorte*, BM, *Dr. Oetker*	286	1217
Heisse Tasse, Hühner-Suppe, *Unox*, 1 Tasse	37	155	E Herz, Kalb	122	511

Nw = Nährwerte: E = viel Eiweiß – bevorzugt essen   F = viel Fett – vorsichtig essen
K = viele Kohlenhydrate – überlegt essen   M = viele Mineralstoffe – bevorzugt essen
V = viele Vitamine – bevorzugt essen   B = Ballaststoffe – gezielt essen

H

Nw	kcal	kJ	Nw	kcal	kJ
E Herz, Rind	133	557	F Hobelkäse, Schwei-		
E Herz, Schwein	120	502	zer, 50%	488	2043
E Herzmuschelfleisch			Hochzeits-Suppe,		
Hexenschmaus, junior	35	146	*Erasco*, 200 g	110	460
Unox, 1 Portion	222	948	K Hörnchen, 1 Stück	140	586
F Hickorynüsse,			K Hörnchen, BM,		
6 Kerne	100	419	*Kraft*, 1 Stück	143	599
VB Himbeeren	40	167	V *Hohes C*, Orangen-		
V Himbeeren, *Iglo*,			saft, 0,2 l	78	327
250 g	120	510	Holländer *Scheiblet-*		
Himbeergeist, 40%,			*ten*, *Kraft*, 1 Stück	64	268
2 cl	47	197	V Holler	46	193
K Himbeergelee, 1 TL	26	109	*Holsteiner, herzhafte,*		
K Himbeerkonfitüre,			*Heine's*	244	1021
1 TL	27	113	*Holsteiner Leber-*		
K Himbeersirup, 1 EL	40	167	*pastete, Heine's*	350	1465
Himbeerwasser			MV Holunderbeeren	46	193
(2 EL Sirup), 0,2 l	80	335	MV Holunderbeersaft,		
Hinterschinken in			0,2 l	76	318
Aspik, *»leicht &*			K Honig	305	1277
lecker«, Köneke	82	343	K Honig, 1 TL	30	126
Hirn, Kalb	119	498	K Honig, 1 EL	76	318
Hirn (Kalb), *Herta,*			Honigmelone	52	218
125 g	140	585	*Hot Ketchup*, 1 EL	35	146
Hirn, Rind	137	573	E Huchen	217	908
Hirn, Schwein	132	553	Hühnchen in		
F Hirnwurst i. D.	292	1222	Curry-Reis,		
E Hirsch	123	515	*Hipp-Diät,*		
E Hirsch, 500 g			300 g	283	1197
Einkauf	486	2034	F Hühnerfett	945	3956
Hirschbraten in Soße,			Hühnerfrikassee,		
Eismann, 250 g	295	1235	*Hipp Leicht-Menü,*		
Hirschgulasch,			300 g	318	1350
bofrost* TK, 250 g	240	1023	Hühnerfrikassee,		
Hirschhornsalz	0	0	*»Mein Leibgericht«,*		
Hirsch-Rahmsuppe,			*Iglo* TK, 225 g	288	1206
Jensen's, 1 Tasse	75	314	Hühner-Nudeltopf,		
KB Hirse, Korn	362	1515	*Erasco*, 1 Teller	167	713
KB *Hirseflöckli, Migros*	306	1281	Hühner-Reistopf,		
KB Hirsemehl	380	1591	*Erasco*, 1 Teller	167	703
Hirsesuppe, *Cenovis*,			Hühnersuppe,		
1 Teller	61	255	*Disneysuppen, Maggi,*		
K *Hit*, 1 Stück	74	310	1 Teller	80	345

Nw	kcal	kJ
Hühnersuppe, *Heisse Tasse, Unox,* 150 ml	37	155
Hühnersuppe, Klare, Instant, 1 Tasse	8	33
Hühnersuppe, Klare, Würfel, *Knorr,* 1 l	70	300
Hühnersuppe, *Maggi* (Päckchen), 0,25 l	60	225
Hühnersuppe mit Eiernudeln, *Knorr,* 1 Dose	175	740
Hühnersuppe mit Nudeln (Beutel), 1 Teller	55	240
Hühnersuppe mit Reis (Beutel), *Knorr,* 1 Teller	55	240
Hülsenfrüchte, s. a. einzelne Sorten		
KB Hülsenfrüchte i. D.	360	1507
Hülsenfrüchte, geschält, gekocht i. D.	190	795
B Hülsenfrüchte, ungeschält, gekocht i. D.	140	586
E Hüttenkäse, 20%	105	440
Hüttenschmaus, Pfanni, 250 g	292	1242
Huhn, s. a. Hähnchen		
E Huhn, Brat-	144	603
E Huhn, Brat-, 1000 g Einkauf	1066	4462
Huhn, Suppen-	274	1147
Huhn, Suppen-, 1000 g Einkauf	2000	8372
Huhn in Reis und Erbsen, *Hipp-Diät,* 300 g	267	1118

Nw	kcal	kJ
Humana-Heilnahrung, 0,1 l	60	251
E Hummer, 1/2 Stück	150	628
Hummercreme-Suppe, *Erasco,* 1 Teller	163	682
E Hummerfleisch	89	373
Hummerpastete, *Jensen's*	173	724
Hummer-Suppe, *Jensen's,* 1 Tasse	75	314
Hustenbonbon, *Vademecum,* 1 Stück	9	38
I love Milka-Diet, Nuß-Nougat-Pralinen	497	2058
I love Milka, Nuß-Nougat-Pralinen	555	2320
F *Illertaler,* 45%, *Champignon*	384	1623
V *Immerfrisch,* Gemüsesaft, *Rabenhorst,* 0,2 l	30	126
E Indian, s. a. Pute		
E Indian, 1000 g Einkauf	1197	5011
K Indianer-Krapfen, 1 Stück	240	1005
Ingwer, frisch	63	264
Ingwer in Sirup	340	1423
Ingwersirup, 1 EL	55	230
K Ingwerstäbchen	400	1674
K Ingwertoffee	390	1632
Innereien, s. einzelne Tierarten		

Nw = Nährwerte: E = viel Eiweiß – bevorzugt essen   F = viel Fett – vorsichtig essen
K = viele Kohlenhydrate – überlegt essen   M = viele Mineralstoffe – bevorzugt essen
V = viele Vitamine – bevorzugt essen   B = Ballaststoffe – gezielt essen

Nw	kcal	kJ	Nw	kcal	kJ
KB Instantflocken, *Kölln*, 1 EL	36	150	K *Jamaica-Torte*, BM, *Kraft*, 1 Stück	250	1047
Instant *Kakao-Trunk* (mit Milch), *Rademann*, 0,2 l	62	260	MV Jambuse	56	234
			MV Japanische Pflaume	105	440
Instant *Kakao-Trunk* (mit Wasser), *Rademann*, 0,2 l	42	176	M Japanische Mispel	48	201
			Japonais, Migros, 3 Stück	100	419
Irish Whiskey, 40%, 4 cl	115	481	*Jet-Drink, Migros*, 0,2 l	86	360
Iso Energie (Dose), 250 ml	105	440	*Jever Light*, 0,33 l	83	343
KMV *Isostar*, 250 ml	68	290	E *Jocca*, 20%	100	419
Italienische Gemüse- suppe (Beutel), *Knorr*, 1 Teller	65	260	E *Jocca*, Frucht i. D.	120	502
			Joghurt, s. a. Produktnamen		
Italienisches Pfan- nengemüse, *Iglo*, TK, 1 Portion	133	554	EB Joghurt, Bircher- Müsli, »*Du darfst*«, 200 g	134	566
			E Joghurt, fettarm, 1,5%, 150 g	77	322
			Joghurt, fettarm, 1,5%, mit Frucht, 150 g	130	544
J			Joghurt, fettarm, 1,5%, Bircher- Müsli, 200 g	200	837
M Jackfrucht	98	410	E Joghurt, Kirsch »*Du darfst*«, 200 g	118	500
E Jacobsmuschelfleisch	72	301	Joghurt-Knusper-, 6%, *Müller*, 175 g	224	936
Jägerklößchen »*Mein Leibgericht*«, *Iglo* TK, 225 g	272	1136	E Joghurt, Magerstufe, 0,3%, 150 g	60	251
Jägersoße, *Alevita*, 1 EL	8	33	E Joghurt, Magerstufe, mit Früchten, 150 g	100	419
Jägersoße, FP, 1 EL	8	33	E Joghurt mit Butter- milch, Birne »*Du darfst*«, 200 g	124	520
Jägersoße, *Knorr*, 250 ml	95	400			
Jägersuppe, *Knorr*, 1 Dose	200	840	EB Joghurt Müsli Riegel, *Diäko*, 1 Riegel	181	516
Jagdwurst i. D.	228	954	F Joghurt, Sahne-, 10%, 150 g	180	753
E Jagdwurst, Diät-, *Nuxo*	191	800	Joghurt, Sahne-, 10%, mit Frucht, 150 g	230	963
E Jagdwurst, Geflügel-, *Gutfried*	150	628			
KB Jahrmarktsmandeln	446	1867			

Nw	kcal	kJ	Nw	kcal	kJ
					K
Joghurt, Schlemmer-, *Müller*, 175 g i. D.	193	815	*Kabafit*, zubereitet (0,25 l Milch + 20 g Pulver)	245	1026
Joghurt, Vollmilch, 3,5%, 150 g	105	440	*Kabaplus*, zubereitet (0,25 l Milch + 20 g Pulver)	235	984
Joghurt, Vollmilch, 3,5%, mit Früchten, 150 g	150	628	E Kabeljau	82	343
Joghurt-Salat-Creme, *Thomy*, 1 EL	70	290	E Kabeljau, 200 g Einkauf	90	377
KB Joghurt-Weizendiät, *Ritters*, 40 g	160	670	E Kabeljaufilet TK	82	343
VB Johannisbeeren, rot	45	188	VB Kabis	25	105
VB Johannisbeeren, schwarz	63	264	Käse, s. einzelne Sorten		
VB Johannisbeeren, weiß	38	159	Käse-Fondue, *Gerber*, 1 Portion mit Brot	900	3767
K Johannisbeergelee, 1 TL	26	109	K Käsegebäck i. D.	560	2344
K Johannisbeer-konfitüre, 1 TL	25	105	K Käse-Kuchen, Altdeutscher, *Dr. Oetker* TK, 1 Stück	199	836
Johannisbeerlikör (Cassis), 2 cl	65	272	Käsekuchen, BM, *Dr. Oetker*	362	1540
V Johannisbeersaft, rot, 0,2 l	100	419	K Käsekuchen, BM, *Kraft*, 1 Stück	216	904
V Johannisbeersaft, schwarz, 0,2 l	110	460	Käsekuchen-Hilfe, *Dr. Oetker*, 1 Packung	208	875
Johannisbeersirup, schwarzer, *Vitaborn*, 1 EL	58	243	F Käse-Sahne-Torte, BM, *Dr. Oetker*	375	1593
V Johannisbeer-süßmost, 0,2 l	120	502	F Käsesalami, *Redlefsen*	424	1777
Johannisbeerwein, 0,25 l	175	733	Käse-Schinken-Plätzli, *Iglo* TK, 1 Stück	96	402
			Kaffee	0	0
			Kaffeelikör i. D. 30%, 2 cl	85	356
K			Kaffeemilch (Pulver), *Milli*, 1 TL	16	67
Kaba, 1 TL	20	84	Kaffeesahne, 10%, 1 TL	5	21
Kaba, zubereitet (0,25 l Milch + 20 g Pulver)	237	992			

Nw = Nährwerte: E = viel Eiweiß – bevorzugt essen   F = viel Fett – vorsichtig essen
K = viele Kohlenhydrate – überlegt essen   M = viele Mineralstoffe – bevorzugt essen
V = viele Vitamine – bevorzugt essen   B = Ballaststoffe – gezielt essen

Nw	kcal	kJ	Nw	kcal	kJ
K Kaffeesahne, 10%, 1 EL	13	54	Kalbsgeschnetzeltes, *Erasco*, 1 Portion	511	2148
Kaffeesahne, 15%, 1 EL	18	75	E Kalbshaxe	107	448
Kaiser-Schlackwurst, *Wiltmann*	334	1399	E Kalbshaxe, 1000 g Einkauf	685	2867
F Kakao	471	1972	E Kalbsherz	122	511
Kakaotrunk (Mager- milch), 0,25 l	150	628	Kalbshirn	119	498
V Kaki	73	306	Kalbskäse i. D.	338	1415
MV Kaktusfeige, 1 Stück, 100 g	60	251	E Kalbskopf	150	628
E Kalbfleisch, Bauch, Flanke	138	578	E Kalbskotelett	122	511
E Kalbfleisch, Bauch, Flanke, 1000 g Einkauf	1366	5718	E Kalbskotelett, 1000 g Einkauf	952	3985
E Kalbfleisch, Brust	142	594	E Kalbsleber	140	586
E Kalbfleisch, Brust, 1000 g Einkauf	809	3386	Kalbsleberpastete, *Jensen's*	328	1373
E Kalbfleisch, Bug, Schulter	118	494	Kalbsleber-Pâté	323	1361
E Kalbfleisch, Bug, Schulter, 1000 g Einkauf	909	3805	F Kalbsleberwurst i. D.	339	1418
E Kalbfleisch, Filet	104	435	Kalbsleberwurst, »Du darfst«	260	1090
E Kalbfleisch, Filet, 500 g Einkauf	504	2110	Kalbsleberwurst, *Redlefsen*	335	1400
E Kalbfleisch, Hals, Halsgrat	112	469	Kalbslunge	98	410
E Kalbfleisch, Hals, Halsgrat, 1000 g Einkauf	840	3516	Kalbslyoner, Delika- teß-, »leicht & lecker«, *Könecke*	192	804
E Kalbfleisch, Keule, Schlegel	107	448	E Kalbsmilch	108	452
E Kalbfleisch, Keule, Schlegel, 1000 g Einkauf	827	3462	E Kalbsmilz	109	456
			Kalbsniere	137	573
Kalbfleischbällchen, *Hipp-Diät*, 300 g	282	1192	E Kalbsschnitzel	107	448
			E Kalbsschweser	108	452
Kalbsbratwurst i. D.	291	1216	E Kalbssteak	107	448
			Kalbszunge	134	561
E Kalbsbries	108	452	E Kaldaunen, gekocht	97	406
			Kalte Ente, 0,2 l	180	753
			Kalterer See, 0,25 l	156	653
			E Kamtschatkakrabbe (TK oder Dose)	95	398
			K Kandierte Früchte	335	1402
			K Kandiszucker	387	1620
			K Kandiszucker, 1 TL	58	243
			E Kaninchen	167	699
			E Kaninchen, 1000 g Einkauf	1319	5521

K

Nw	kcal	kJ	Nw	kcal	kJ
E Kapaun	144	603	Kartoffelbrei,		
Kapern, 1 EL	3	13	s. a. Kartoffel-		
MV Kapstachelbeere	58	243	püree		
V Karambola	35	147	Kartoffelbrei, herz-		
Karamel-Bonbons,			hafter, *Knorr*,		
zuckerfrei, *Dieden-*			1 Portion	160	680
hofen, 75 g	270	1130	Kartoffelbrei, *Pfanni*,		
Karamelköpfli			200 g	174	740
(Flan caramel),			FK Kartoffelchips	552	2310
Migros, 125 g	153	640	FK Kartoffelchips,		
K Karamellen	440	1842	1 Stück	10	42
K Karamellen, 1 Stück	25	105	Kartoffel-Flocken-		
Karamel-Riegel,			Püree, komplett,		
Fructusan, 1 Stück	137	573	*Maggi*, 200 g	100	410
B Karfiol	27	113	Kartoffel-Gratin mit		
B Karfiol, 500 g			Sahnesauce, *Pfanni*,		
Einkauf	82	343	1 Portion	286	1204
MV Karotten	41	172	Kartoffelklöße,		
MV Karotten, 1000 g			gekochte, FP i. D.	100	419
Einkauf	308	1289	Kartoffelklöße, halb		
Karotten (Glas)	30	126	und halb, FP i. D.	95	398
V Karottensaft, 0,1 l	28	117	Kartoffelklöße, rohe,		
V Karottensalat,			FP i. D.	95	398
Hengstenberg	32	135	Kartoffelknödel,		
Karottensalat, *Nadler*	142	594	*Pfanni*, 1 Portion	133	918
V Karottentrunk, *Gute*			Kartoffelknödel		
Ernte, Granini, 0,1 l	32	134	halb & halb, *Maggi*,		
E Karpfen	125	523	1 Stück	95	410
E Karpfen, 1000 g			Kartoffelknödel im		
Einkauf	710	2972	Kochbeutel, FP,		
Kartoffel-Auflauf mit			1 Stück i. D.	115	481
Broccoli, *Pfanni*,			Kartoffelknödel im		
TK, 1 Portion	308	1309	Kochbeutel, *Knorr*,		
Kartoffelauflauf,			1 Portion	200	860
Bologneser Art,			Kartoffelkroketten,		
Pfanni, 1 Portion	296	1248	TK, zubereitet,		
Kartoffelauflauf mit			150 g	280	1172
grünen Bohnen +			EV Kartoffeln	72	301
Tomaten, *Pfanni*,			EV Kartoffeln, 1000 g		
1 Portion	280	1175	Einkauf	576	2411

Nw = Nährwerte: E = viel Eiweiß – bevorzugt essen   F = viel Fett – vorsichtig essen
K = viele Kohlenhydrate – überlegt essen   M = viele Mineralstoffe – bevorzugt essen
V = viele Vitamine – bevorzugt essen   B = Ballaststoffe – gezielt essen

K

Nw	kcal	kJ
Kartoffelpüree, *Pfanni*, 200 g	122	510
Kartoffelpuffer aus Pulver, gebraten, 1 Stück i. D.	75	314
F Kartoffelpuffer TK, gebraten, 1 Stück	185	774
Kartoffelpuffer, *Knorr*, 1 Portion	175	740
Kartoffelpuffer, *Maggi*	80	345
Kartoffelpuffer, *Pfanni*, 1 Portion	173	736
Kartoffelsalat, *Nadler*	214	896
Kartoffelsalat, »*Du darfst*»	96	407
Kartoffelschnaps, 40%, *Riemerschmid*, 100 ml	221	916
K Kartoffelstärkemehl	353	1478
K Kartoffelstärkemehl, 1 EL	53	222
K Kartoffelstärkemehl, 1 TL	18	75
Kartoffelstock, TK, *Migros*	134	561
Kartoffelsuppe, *Pfanni*, 1 Teller	62	265
FE Kaschkawal, 50%	346	1448
F Kaschu-Nüsse, *Pittjes*, 1 Päckchen	298	1247
Kasseler, »*Du darfst*«, 1 Portion	320	1340
Kasseler mit Sauerkraut, *Hipp-Diät*, 300 g	256	1072
Kasseler Rippchen i. D.	260	1088
Kastanie, s. Eßkastanie		
B *Katenbrot, Kreuznacher, Studt*	230	963

Nw	kcal	kJ
KB *Katenbrot, Kreuznacher, Studt*, 1 Scheibe, 40 g	92	385
Katenrauchschinken	232	971
F Katenrauchwurst i. D.	390	1632
Katenschinken, »*Du darfst*«	194	820
F Katenspeck	433	1812
E Katfisch	96	402
E Katfisch, geräuchert	135	565
E Katfisch, geräuchert, 200 g Einkauf	218	913
K *Katjes-Kinder*, 75 g	264	1105
K Katzenzungen, 1 Stück	30	126
Kaugummi, 1 Streifen	10	42
E Kaviar, deutsch, 30 g	41	172
FE Kaviar, russisch, 30 g	84	352
Kaviarcreme, *Kühne*, 1 TL	23	96
V Kefen	55	230
V Kefen, 1000 g Einkauf i. D.	540	2260
E Kefir, 1,5%, 500 g	245	1026
E Kefir, 3,5%, 200 g	136	569
B Keimdiät-Weizenkeime, *Dr. Grandel*, 1EL, 10g	33	138
F Keimöl, 100 ml	820	3360
F Keimöl, 1 EL	83	347
F Keimöl, 1 TL	28	117
Kekse, s. einzelne Sorten		
V Kerbel	8	33
Kerbelsuppe, FP, 1 Teller	70	293
F Kernfett	920	3851
Kernschinken, Westfälischer, *Herta*, 150 g	236	985
FE Ketakaviar, 30 g	84	352

K

Nw	kcal	kJ	Nw	kcal	kJ
E Ketalachs	123	514	V Kirschnektar, *Donath*,		
Ketchup, s. a.			100 ml	64	273
einzelne Sorten			V Kirschsaft, 0,2 l	132	553
Ketchup	120	502	Kirschsirup, 1 EL	40	167
Ketchup, 1 EL i. D.	30	126	Kirschwasser, 40%,		
Ketchup, *natreen*,			2 cl	67	280
1 EL i. D.	12	49	*Kit Kat*, 1 Riegel, 17 g	85	360
KB Kichererbsen,			E Kitz	127	532
getrocknet	368	1540	E Kitz, 1000 g Einkauf	1001	4190
KB Kidney-Beans (Dose)	118	494	VM Kiwano	22	92
E Kieler Sprotten	260	1088	V Kiwi	55	230
E Kieler Sprotten,			Kiwi, 1 Stück, 80 g	40	167
1 Stück	26	109	V Klare Hefebrühe,		
V *Kindergold, Vitaborn*,			*Vitam*, 1 Teller	23	68
0,2 l	124	519	Klarer Saft zum Bra-		
Kinderschokolade,			ten, *Alevita*, 1 EL	7	29
1 Riegel	75	315	Klarer Schnaps,		
K *Kinderschokolade*,			32%, 2 cl	37	155
Ferrero	550	2302	Klarer Schnaps,		
E King Crab (TK und			38%, 2 cl	44	184
Dose)	95	398	KB Kleiebrot, *Bösen*	210	879
K Kipfel, 1 Stück	140	586	BK Kleie-Keks,		
K Kipferl, *Bahlsen*,			*Schneekoppe*	414	1733
1 Stück	35	146	KB *Kleie-Snacks*,		
Kir Royal, 0,1 l	86	362	*Drei Pauly*	374	1566
V Kirschen, sauer	60	351	K Kleingebäck,		
V Kirschen, sauer,			gemischt i. D.	510	2135
500 g Einkauf	266	1113	KB Kletzen	294	1231
Kirschen, sauer			Klippfisch	203	850
(Dose)	70	293	Klöße, s. Kartoffel-		
MV Kirschen, süß	67	280	klöße		
MV Kirschen, süß, 500 g			E Kluftsteak	205	858
Einkauf	300	1256	KB *Knabber-Bits, Bahlsen*	520	2177
Kirschen, süß (Dose)	80	335	KB *Knabbermüsli-Keks*,		
K Kirschkonfitüre,			*Drei Pauly*	430	1800
1 TL	27	113	F Knackwurst i. D.	283	1183
K Kirschkuchen,			Knäckebrot,		
Altdeutscher,			s. a. einzelne Sorten		
Dr. Oetker TK,			KB Knäckebrot,		
1 Stück	205	862	1 Scheibe, 10 g i. D.	38	159

Nw = Nährwerte: E = viel Eiweiß – bevorzugt essen   F = viel Fett – vorsichtig essen
K = viele Kohlenhydrate – überlegt essen   M = viele Mineralstoffe – bevorzugt essen
V = viele Vitamine – bevorzugt essen   B = Ballaststoffe – gezielt essen

K

Nw	kcal	kJ
KB Knisterbrot, 1 Scheibe, 10 g	40	167
KB Knisterbrot, natrium-arm, *Drei Pauly*, 1 Stück	12	52
Knoblauch, 1 Zehe	3	13
F Knoblauchbrot, *Eismann*, 1 Stück	364	1699
Knoblauchcreme-Suppe »*Gourmet*«, *Maggi*, 0,25 l	130	540
Knoblauch-*Dressing*, *Kraft*, 1 EL	29	121
Knoblauchsoße mit Joghurt, *Unox*, 1 EL	97	401
F Knoblauch-Weich-käse, »*Du darfst*«	245	1035
Knochen (auskoch-bare)	60	251
F Knochenmark, 2 Scheiben, 25 g	180	756
F Knochenschinken	395	1653
Knödel, s. a. Kartoffelknödel		
Knödel, Bauern-, Kochbeutel, *Knorr*, 1 Stück	160	675
Knödel, Böhmische, *Pfanni*, 115 g	259	1097
Knödel, echt baye-rische, *Pfanni*, 1 Stück, 90 g	88	372
Knödel, halb und halb, FP, 1 Stück, 90 g i. D.	95	398
Knödel, halb & halb, *Pfanni*, 1 Portion	175	742
K Knödel, Semmel-, im Kochbeutel, *Knorr*, 1 Stück	155	635
K Knödel, Semmel-, im Kochbeutel, *Maggi*, *Pfanni*, 1 Stück	123	523

Nw	kcal	kJ
K Knödel, Semmel-, selbstgemacht, 1 Stück	165	691
Knödel, Speck-, im Kochbeutel, *Pfanni*, 1 Stück	141	598
KB Knödelbrot, 500 g	1400	5860
Knorrfix für China-spezialitäten, 1 Beutel	120	505
Knorrfix für Spaghetti Bolognese, 1 Beutel	180	750
Knorrfix für Spaghetti Napoli, 1 Beutel	145	610
Knorrox Fleischsuppe, 1 Teller	17	65
KB *Knusperflakes*, Schoko, *Knorr*, 40 g	150	632
KB *Knusperleicht*, *Wasa*, 1 Scheibe	26	109
Knusper Müsli *Dr. Oetker* 40 g (plus 60 g Vollmilch)	214	899
B *Knusper-Riegel*, *Fructusan*, 1 Stück	152	636
E Kochkäse, 20%	200	837
E Kochkäse, Mager-stufe, 10%	133	557
V Kochsalat	21	88
Kochschinken	216	904
K Kochschokolade	550	2302
F Kochwurst i. D.	322	1348
E Köhler (Seelachs)	81	344
Kölner Fantasie, *Sionon*, 1 Stück	56	235
Königsberger Klopse, TK, 225 g	360	1507
Königsberger Klopse, *Hipp-Diät*, 300 g	257	1087
FK Königsberger Marzi-pan, 1 Stück, 10 g	45	188
FK Königskuchen »*Gourmet*«, *Bahlsen*	400	1695

Nw	kcal	kJ	Nw	kcal	kJ
VB Kohl (Wirsing)	30	126	Kondensmilch, 12%, 1 TL	9	38
VB Kohl (Wirsing), 1000 g Einkauf	216	904	Kondensmilch, 15%	177	741
MV Kohlrabi	31	130	Kondensmilch, 15%, 1 TL	10	42
MV Kohlrabi, 500 g Einkauf	106	444	K Kondensmilch, gezuckert	333	1394
Kohlrouladen, *Sonnen* (Dose)	334	1398	K Kondensmilch, gezuckert, 1 TL	17	71
Kohlrüben	46	192	K Kondensmilch, *Milchmädchen*, 1 EL	65	272
Kohlrüben, 1000 g Einkauf	381	1595	Konfekt, s. einzelne Sorten, a. Diät- Pralinen		
VB Kohlsprossen	52	218			
VB Kohlsprossen, 500 g Einkauf	210	879	Konfitüre extra, Brombeer, *Sionon*	213	906
F Kokosfett	925	3872	Konfitüre, Leicht 40%, Aprikose, *Libn*	131	557
F Kokosfett, 1 EL	138	578			
FB Kokosflocken	556	2327	Konfitüre, Leicht 40%, Sauerkirsch, *Libn*	135	572
FK Kokosflocken- konfekt, 1 Stück	70	293			
Kokosmilch, 0,2 l	44	184	Konfitüren, s. a. einzelne Sorten		
FB Kokosnuß	399	1670	Konfitüren, »Du darfst«, 1 TL	13	55
FB Kokosraspel	556	2327			
F Kokos-Zwieback, *Brandt*	431	1830	Konfitüren, *Fructusan*, 1 TL	22	92
KB Kommißbrot	256	1071	K Konfitüren, *Schwartau*	265	1126
KB Kommißbrot, 1 Scheibe, 40 g	103	431	Konfitüren, Diät-, *Schwartau*	180	765
Kondensmilch, 4%	110	460			
Kondensmilch, 4%, 1 TL	6	25	Konfitüren, *Sionon*, 1 TL	22	92
Kondensmilch, 7,5	137	573	V Kopfsalat	16	67
Kondensmilch, 7,5%, 1 TL	7	29	F. Korbkäse, 10%	192	804
Kondensmilch, 10%	181	758	KB Korinthen	325	1360
Kondensmilch, 10%, 1 TL	8	33	KB Korinthen, 1 EL	26	109
			Korn, 32%, 2 cl	38	159
Kondensmilch, 10%, 1 Tassenpackung, 7,5 g	13	54	KB Kornmehl (Roggen- mehl)	363	1519
			K *Korn-Rings*, XOX	459	1921

K

Nw = Nährwerte: E = viel Eiweiß – bevorzugt essen   F = viel Fett – vorsichtig essen
K = viele Kohlenhydrate – überlegt essen   M = viele Mineralstoffe – bevorzugt essen
V = viele Vitamine – bevorzugt essen   B = Ballaststoffe – gezielt essen

K

Nw	kcal	kJ	Nw	kcal	kJ
K Korn-Tips, XOX	449	1880	E Kräuterquark, 0,2%,		
E Krabben, ausgelöst	96	402	Heirler, 1 Packung,		
E Krabben, 500 g			125 g	90	377
Einkauf	221	925	Kräutersalz, Frema,		
Krabben, garniert,			1 TL, 5 g	4	17
in Gelee, Nadler	103	431	E Kräuter-Schmelz-		
E Krabben, Luxus,			käse, 30%, 62,5 g	144	603
bofrost*	87	368	Kräuter-Soße,		
Krabbensalat, Nadler	378	1582	Maggi, 60 ml	40	170
F Krabbensalat mit			Kräutertee	0	0
Mayonnaise i. D.	300	1256	F Krakauer i. D.	278	1164
Kräcker, 1 Stück	8	33	Krakauer, Geflügel-,		
Kräuter, ab 1 EL	1	4	Gutfried	245	1026
Kräuter der Proven-			E Krammetsvögel	111	465
ce, Iglo TK, 25 g	8	34	Kranzkuchen i. D.	260	1095
F Kräuterbutter,			K Krapfen, 1 Stück	210	879
Kleeblatt, 20 g	160	670	V Kraut	25	105
F Kräuter-Crème-			V Kraut, 1000 g		
fraîche, 28%,			Einkauf	193	808
Dr. Oetker	285	1176	E Krebse, ausgelöst	71	297
F Kräuter-Crème-			E Krebse, 500 g		
fraîche, 28%,			Einkauf	82	343
Dr. Oetker, 1 EL	72	301	E Krebse, 1 Stück		
Kräutercreme-Suppe			i. D.	30	126
mit Champignons,			E Krebsfleisch (Dose)	95	398
Knorr, 1 Beutel	350	1420	Kren	76	318
F Kräuter-Dorahm,			Kren, 200 g		
60%, 62,5 g	216	904	Einkauf	79	331
Kräuter-Käse Sauce,			Kren, gerieben,		
Feinschm., Knorr,			1 TL	4	17
250 ml	200	840	K Kreppel, 1 Stück	210	879
F Kräuterleberpastete	450	1883	MV Kresse	46	193
Kräuter-Leberwurst,			MV Kresse, 1 Kästchen,		
kalo-arm, Rademann	207	867	25 g	11	46
Kräuterlikör, i. D.,			Krimsekt, halb-		
35%, 2 cl	60	251	trocken, 0,1 l	83	347
Kräuter-Pastete,			Krimsekt, süß,		
Vegetabile, Tartex,			0,1 l	95	398
25 g	58	243	K Krokant	660	2763
Kräuterquark,			Kroketten, Pfanni,		
Gervais, 150 g	189	786	fritiert, 1 Portion	120	508
Kräuterquark leich-			Kroketten, Pfanni,		
ter, Gervais, 150 g	113	474	fritiert, 1 Stück	52	203

Nw		kcal	kJ	Nw		kcal	kJ
MV	Kronsbeeren	46	193		**L**		
	Kronsild m. Aufguß, Nadler	152	636				
F	Kuchenglasur, dunkel, *Schwartau*	603	2553	E	Lachs	217	908
				E	Lachs, 200 g Einkauf	278	1164
	Kuchenglasur, hell, *Schwartau*	613	2594	F	Lachs in Öl	289	1210
				F	Lachs, geräuchert	195	816
	Kuchenglasur, Zitrone, *Schwartau*	602	2549		Lachsersatz (Seelachs) in Öl	150	628
	Kümmellikör, 35%, 2 cl	60	251		Lachspastete, *Jensen's*	209	875
	Kümmelschnaps, 32%, 2 cl	40	167	E	Lachsschinken	140	586
K	Kümmelstangen, 1 Stück	140	586		Lachsschinken, *Herta*, 1 Scheibe	270	1130
	Kürbis	27	113	B	*Lactokleie, Kreuznacher, Studt*	170	712
	Kürbis, 500 g Einkauf	95	398	F	Lätta, Halbfettmargarine	371	1529
	Kürbis, süß-sauer	90	377	K	Lakritze	320	1340
EF	Kürbiskerne, geröstet	588	2461	E	Lammfilet	122	511
F	Kürbiskern-Öl, 100 ml	820	3360		Lammfleisch, Brust	404	1691
F	Kürbiskern-Öl, 1 EL	83	347		Lammfleisch, Brust, 1000 g Einkauf i. D.	3500	14651
	Kukuruzkolben	40	167		Lammfleisch, Bug, Schulter	306	1281
	Kullerpfirsich, 0,2 l	250	1047				
M	Kulturheidelbeeren	57	239		Lammfleisch, Bug, Schulter, 1000 g Einkauf	2600	10883
MV	Kumquat	54	226				
MV	Kumquat, 1 Stück, 10 g	5	21		Lammfleisch, Keule, Schlegel	250	1047
K	Kumquat in Sirup	175	733		Lammfleisch, Keule, Schlegel, 1000 g Einkauf	2080	8707
K	Kunsthonig	310	1298				
K	Kunsthonig, 1 TL	31	130	E	Kutteln, gekocht	97	406		Lammfleisch, Lende	208	871
FK	Kuvertüre	560	2344		Lammfleisch, Lende, 1000 g Einkauf	1800	7535
FK	Kuvertüre, Vollmilch, *Schwartau*	559	2367		Lammfleisch, Nacken, Hals	320	1340
FK	Kuvertüre, Weiße, *Schwartau*	600	2541				

Nw = Nährwerte: E = viel Eiweiß – bevorzugt essen   F = viel Fett – vorsichtig essen
K = viele Kohlenhydrate – überlegt essen   M = viele Mineralstoffe – bevorzugt essen
V = viele Vitamine – bevorzugt essen   B = Ballaststoffe – gezielt essen

Nw	kcal	kJ	Nw	kcal	kJ
L Lammfleisch, Nacken, Hals, 1000 g Einkauf	2685	11239	F Leberkäs	271	1134
			F Leberkäs, *Herta*	333	1350
			F Leberkäs, Stuttgarter	368	1540
E Lammherz	169	707	Leberkäs, Truthahn-	207	866
Lammhirn	134	561	Leberknödel, TK, 1 Stück, i. D. 75 g	160	670
Lammkotelett mit Fett	370	1549	Leberknödelsuppe, »Bayrische Art«, *Unox*, 1 Portion	156	660
Lammkotelett ohne Fett	253	1059	F Leberpastete	314	1313
E Lammleber	131	548	Leberpastete, Luxus-, *Jensen's*	347	1453
Lammlunge	103	431	F Leberpreßsack i. D.	375	1569
Lamm-Milz	117	490	Leberspätzle, TK	135	565
Lammnieren	101	423	F Lebertran	948	3968
E Lammschnitzel	142	594	F Lebertran, 1 EL	89	373
Lammzunge	200	837	Leberwurst, Diät-, *Nuxo*	238	996
La Linea, Schlank-Diät, *Bauer*, Tagesration	1000	4186	F Leberwurst, fein	365	1528
			F Leberwurst, fett	449	1880
F Landjäger, 1 Stück i. D.	281	1169	Leberwurst, Geflügel-, fein + grob, *Gutfried*	300	1256
Landleberwurst, »Du darfst«	285	1195	Leberwurst, grob	326	1366
Landrauchwürst-chen, *Redlefsen*	239	1001	F Leberwurst, Kalbs-	339	1418
E Langostinos	82	343	K Lebkuchen i. D.	380	1591
E Langostinos, 1 Schwanz, 15 g	12	50	Lebkuchen, Brauner, BM, *Dr. Oetker*	361	1532
KF Lasagne al forno, *Dr. Oetker* TK, 1 Packung	488	2052	F *Le Cremot*, *Kraft*, 40%	160	670
Lasagne Bolognese, *Iglo*, TK, 400 g	594	2492	F *Leerdammer*, 45%	374	1570
V Lauch, grün	27	113	F *Leerdammer*, *Baars*, 45%	370	1554
V Lauch, weiß	36	150	*Leerdammer* light, 28%	280	1175
V Lauch, 500 g Einkauf	110	460	Leichtbier, 0,5 l i. D.	135	565
Lauchcreme, *Diäko*	107	455	KB *Leicht & Cross*, Knusperbrot, 1 Scheibe	27	113
Lauchcremesuppe, *Alevita*, 1 Teller	120	502	F *Leichte Wertkost*	360	1560
Lauchcremesuppe, Feine, *Erasco*	67	279	F *Leichte Wertkost*, 1 TL	18	75
K Laugengebäck	278	1164	*Leichtes Früchtchen*, i. D., *natreen*	70	295
»La vache qui rit«, 25%, 20,8 g	32	134			

Nw	kcal	kJ	Nw	kcal	kJ
F Leinöl, 100 ml	820	3360	Limonade, kalorien-		
F Leinöl, 1 EL	83	347	arm, 0,33 l i. D.	30	126
FB Leinsamen	421	1762	Limonade mit Süß-		
FB Leinsamen, 1 EL	64	268	stoff	0	0
KB Leinsamenbrot	275	1151	Limonade mit		
KB Leinsamenbrot,			Zucker, 0,33 l i. D.	160	670
1 Scheibe, 40 g	110	460	V Limone, 1 Stück,		
KB Leinsamenkeks	451	1888	60 g	20	84
FB Leinsamenschrot,			F *Lindenberger*, 45%,		
1 EL	64	268	*Kraft*	370	1549
FB Leinsamenschrot,			E *Lindenberger »leicht«*,		
1 TL	21	88	30%, *Kraft*	290	1214
Le Kir, 0,2 l	136	569	F *Lindenberger Schei-*		
E Lengfisch	89	373	*bletten*, 45%, *Kraft*,		
E Lengfisch, 200 g			1 Scheibe, 20 g	64	268
Einkauf	120	502	*Linde's Malzkaffee,*		
Lido nature	117	490	1 Tasse	3	13
Likör, s. a. einzelne			KB Linsen	354	1482
Sorten			Linsen-Eintopf mit		
Likör, 2 cl i. D.	65	272	Speck, *Knorr*,		
K *»Lila Pause«*, 1 Riegel	203	850	1 Teller, 0,25 l	220	935
K *Lila Pause*, Milka,			Linsengericht mit		
Alpenmilch	539	2253	Rauchfleisch,		
K *Lila Pause*, Milka,			*Hipp-Diät*, 300 g	256	1072
Erdbeer-Joghurt	540	2257	Linsen-Topf, *Sonnen*,		
K *Lila Pause*, Milka,			425 g	374	1566
White Crisp	528	2207	K *Lion*, 1 Riegel	220	940
EB Limabohnen (Dose)	138	578	Liptonice Eistee,		
E Limande	85	356	1 Dose	116	419
E Limande, 200 g			Liptauer Käse	215	900
Einkauf	86	360	MV Litschi (Lychee)	71	297
E Limburger Käse,			MV Litschi, 1 Stück, 30 g	20	84
20%	195	816	Litschi in Sirup	130	544
Limburger Käse,			F *Livio*-Öl, 100 ml	820	3360
40%	281	1176	F *Livio*-Öl, 1 EL	83	347
MV Limequat	26	109	Löffelbiskuit, 1 Stück	15	63
V Limette, 1 Stück,			Löskaffee	0	0
60 g	20	84	*Löwenbräu*, alkohol-		
V Limettensaft, 1 EL	4	17	frei, 0,5 l	130	543
V Limettensaft, 1 TL	1	4	*Löwensenf*, medium	143	607

L

Nw = Nährwerte: E = viel Eiweiß – bevorzugt essen   F = viel Fett – vorsichtig essen
K = viele Kohlenhydrate – überlegt essen   M = viele Mineralstoffe – bevorzugt essen
V = viele Vitamine – bevorzugt essen   B = Ballaststoffe – gezielt essen

Nw	kcal	kJ	Nw	kcal	kJ
Löwensenf, scharf	165	698	Maiskölbchen,		
V Löwenzahn	47	197	*Hengstenberg*	27	113
Longane	61	255	Maiskörner (Dose)	107	448
F Longhorn Chester,			Maiskolben	40	167
50%, *Kraft*	400	1674	K Maismehl	333	1394
V Loquat	95	398	K Maisstärke	346	1498
V Loquat, 1 Stück, 25 g	25	105	K Maisstärke, 1 EL	52	218
E Lotte (Seeteufel)	72	301	K Maisstärke, 1 TL	18	75
E Lotte, 200 g Einkauf	104	435	*Mais-Waffelbrot,*		
Luncheon Meat	313	1310	*Drei Pauly*	391	1637
V Lunja	37	155	K *Maizena*	350	1465
F Lyoner i. D.	329	1377	K *Maizena*, 1 EL	54	226
Lyoner, *»Du darfst«*	210	880	K *Maizena*, 1 TL	18	75
Lyoner, Truthahn-,			*Majala, Erfrischungs-*		
Gutfried	240	1005	*speise*, 1 Portion	180	770
			Majala, Traumcreme,		
			1 Portion i. D.	130	550
			KB Makkaroni, roh		
			(= 340 g gekocht)	390	1633
			KB Makkaroni, gekocht		
			(= 30 g roh)	115	480
			Makkaroniauflauf,		
M Maccaroni *»Funghi«,*			*Iglo*, 400 g	571	2403
Erasco, 1 Portion	309	1392	E Makrele	195	816
Madeira, 5 cl	59	247	E Makrele, 300 g		
Madeira Sauce	67	239	Einkauf	360	1507
Märzenbier, 0,5 l	255	1067	Makrele, geräuchert	238	996
Magenbitter, 2 cl	85	356	Makrele, geräuchert,		
Magermilch, 0,25 l	88	368	300 g Einkauf	493	2064
E Magermilch aus Pul-			K Makronen	500	2093
ver, *Glücksklee*, 0,25 l	88	368	K Makrone, 1 Stück	60	251
E Magermilchjoghurt,			K Makronen, BM,		
0,3%, 150 g	60	251	*Kraft*, 1 Stück	40	167
E Magermilchjoghurt			Malaga, 5 cl	80	335
mit Früchten,			FE Malossolkaviar,		
0,3%, 150 g	100	419	frisch	279	1168
E Magermilchpulver,			*Malteserkreuz*		
Glücksklee	368	1540	*Aquavit*, 43%, 2 cl	39	163
E Magerquark	78	327	Malzbier, 0,33 l	185	774
E Mainzer Käse, 10%	138	578	Malzkaffee, 1 Tasse	6	25
KB Mais, ganzes Korn	333	1394	V Mandarine	48	201
B Maisgrieß	339	1419	V Mandarine, 500 g		
F Maiskeimöl, 100 ml	820	3360	Einkauf	156	653
F Maiskeimöl, 1 EL	83	347			

M

Nw	kcal	kJ	Nw	kcal	kJ
V Mandarine, 1 Stück, 40 g	13	54	V Maracuja-Aprikosen-Saft, *Granini*, 0,1 l	49	205
Mandarine-Likör, *Marie Brizard*, 30%, 2 cl	55	230	V Maracuja-Nektar, *Donath*, 0,1 l	55	234
V Mandarinensaft 0,2 l	86	360	F Margarine	753	3152
Mandarinorangen (Dose)	100	419	F Margarine, 1 EL	113	473
Mandella-Pudding, *Dr. Oetker*, 1 Portion i. D.	114	484	F Margarine, 1 TL	38	159
			Margarine, halbfett	373	1561
Mandelmonde, *Sionon*, 1 Stück	31	129	Margarine, halbfett, 1 TL	19	80
F Mandelmus	670	2805	MV Marillen	54	226
FB Mandeln	651	2725	MV Marillen, 1 Stück, 50 g	25	105
FB Mandeln, 8 Stück	65	272	MV Marillen, 500 g Einkauf	245	1026
KB Mandeln, gebrannte	446	1867	B Marillen, getrocknet	305	1277
Mandelsplitter, 1 TL	33	138	B Marillen, getrocknet, vier halbe Früchte	52	218
K Mandelsplitter-konfekt, 1 Stück	60	251	Marillen (Dose)	93	389
Mandelsulz, *Dr. Oetker*, 1 Portion	214	891	K Marillenmarmelade, 1 TL	26	109
V Mango	69	289	Marillenschnaps, 2 cl	65	272
V Mango, 1 Stück, 250 g	160	670	Markklößchen, *Eismann* TK	351	1463
Mango Chutney	210	887	Markklößchen-Suppe, Feinschmecker, *Knorr*, 1 Teller	77	330
Mango Chutney, 1 EL	50	209	Marmelade, s. einzelne Sorten, a. Konfitüre		
V Mangonektar, *Donath*, 100 ml	48	200			
Mangosoße, *Kraft*, 1 EL	32	134	Marmelade, 1 TL i. D.	26	109
V Mangold	23	96	K *Marmor-Kuchen*, Comtess, Bahlsen	440	1865
V Mangold, 500 g Einkauf	93	389	Marmorkuchen, BM, *Dr. Oetker*	355	1507
Manhattan, 6 cl	145	607			
Manhattan, *Schöller*, 100 g i.D.	188	785	K Marmor-Kuchen, BM, *Kraft*, 1 Stück	161	674
K Maple Syrup, 1 EL	50	209	KB Maronen	211	883

**Nw = Nährwerte: E = viel Eiweiß – bevorzugt essen   F = viel Fett – vorsichtig essen
K = viele Kohlenhydrate – überlegt essen   M = viele Mineralstoffe – bevorzugt essen
V = viele Vitamine – bevorzugt essen   B = Ballaststoffe – gezielt essen**

M

Nw		kcal	kJ
KB	Maronen, 8 Stück, 45 g	95	398
	Maronipüree, TK, *Migros*	206	862
	Mars, 1 Riegel	275	1150
	Mars-Eiscreme, 60 ml	220	921
	Mars, Haselnuß, 1 Riegel	246	1030
	Mars, Mandel, 1 Riegel	243	1017
	Marsala, 5 cl	56	234
K	*Marshmallows*, 1 Stück	24	100
	Martini-Cocktail, 6 cl	150	630
KF	Marzipan	494	2068
KF	Marzipankartoffel, 1 Stück, 5 g	25	105
FK	Marzipan-Kuchen »*Gourmet*«, *Bahlsen*	440	1875
FK	Marzipan-Rohmasse, 250 g	1160	4856
	Marzipan, *Schwartau*	453	1920
F	Mascarpone, 70%	450	1884
F	Matjesfilet, 1 Stück, 80 g	230	963
	Matjes-Salat, *Nadler*	198	829
V	Maulbeeren	48	201
	Maultasche, Schwäbische, 1 Stück, 55 g	125	523
	Maultasche mit Gemüsefüllung in Gemüsebrühe, *Diäko*, 1 Portion	150	636
	Mayonnaise, 20–25%	230	1340
	Mayonnaise, 20–25%, 1 EL	80	335
F	Mayonnaise, 50%	502	2101
F	Mayonnaise, 50%, 1 EL	150	628
F	Mayonnaise, 80%	774	3240
F	Mayonnaise, 80%, 1 EL	232	971

Nw		kcal	kJ
	Mayonnaise, »extra leicht«, *Thomy*, 1 EL	45	190
F	*Mazola*-Keimöl, 100 ml	820	3370
F	*Mazola*-Keimöl, 1 EL	83	347
	Mazola-Olivenöl extra virgin, 100 ml	815	3350
	McNuggets McDonald's, 6er Pack	257	1074
	McRib, McDonald's, 1 Portion	476	1998
	M-Dessert, Migros, 180 g	249	1042
	M-Drink, Migros, 0,2 l	114	477
F	Meeraal	220	921
	Meerrettich	74	310
	Meerrettich, 200 g Einkauf	78	327
	Meerrettich, gerieben, 1 TL	4	17
	Meerrettichsahne, 1 EL	40	167
	Meerrettich-Sauce, *Thomy*, 1 EL	50	220
	Meerrettich-Spread, *Vitam*, 1 EL	26	108
	Meersalz	0	0
	Mehl, s. a. einzelne Sorten		
K	Mehl, Type 405	368	1540
K	Mehl, Type 405, 1 EL	74	310
K	Mehl, Type 405, 1 TL	18	75
K	Meilener Rollen, *Migros*	528	2210
	Melone, s. einzelne Sorten		
	Melonencocktail, *Nadler*	221	925

M

Nw		kcal	kJ	Nw		kcal	kJ
K	*Messino, Bahlsen*, 1 Stück	54	226	K	Milchreis, *Sonntags- reis, Elite*, 250 g	300	1256
F	Mett	360	1507	K	*Milchschnitte*, 1 Stück	115	481
F	Mettwurst i. D.	377	1577	K	Milchschokolade i.D.	563	2357
	Mexikanische Grill- sauce, *Thomy*, 1 EL	20	90		Milchshake, *McDonald's*, 1 Portion	366	1530
E	Miesmuscheln	72	301		Milchspeiseeis,		
E	Miesmuscheln, 1000 g Einkauf	130	544		1 Kugel, 75 g	120	502
K	*Mikado, De Beukelaer*, 5 Stäbchen	49	194	V	*Mildessa*, Weinkraut (Dose)	17	72
	Milch, s.a. einzelne Sorten				*Milka Diet*	495	2052
	Milch, fettarm,				*Milka* Drink	381	1593
	1,5%, 0,25 l	120	502	K	*Milka Leo*	531	2220
	Milch, Mager-, 0,25 l	88	368	K	*Milka Stars*, Rosinen	463	1935
	Milch, Voll-, 3,5%,			K	*Milka Tender Milk*	511	2139
	0,25 l	165	691	K	*Milkinis, Milka*, i. D.	562	2341
F	Milchhalbfett	393	1645	E	Milken	108	452
	Milchkakao, 1 Tasse	195	816		*Milky-Way*, 1 kleiner Riegel	82	343
	Milchlinge mit Sauce, *Nadler*	141	590	K	*Milky-Way*, 1 Riegel	135	570
K	*Milchmädchen*, gezuckerte Kon- densmilch, 1 EL	65	272		*Milky-Way*-Eiscreme, 40 ml	130	544
K	*Milchmädchen*, gezuckerte Kon- densmilch, 1 TL	17	71		*Milli*, Kaffeemilch in Pulverform, 1 TL	25	105
	Milchreis, »*Du darfst*«, 1 Becher = 250 g i. D.	183	798		*Minarine Sobluma, Minical*	363	1520
K	Milchreis, i. D., *natreen*	65	277		Mineraldrink, *Diäko*	370	1590
					Mineralwasser	0	0
K	Milchreis, *Müller*, 200 g i. D.	236	1004		Minestrone, *Migros*, 1 Teller	79	331
	Milchreis, *Müller, Leichtkost*, 150 g i. D.	104	440	E	*Minoform*, Mager- milchpulver, *Nestlé*, 0,25 l	90	377
K	Milchreis mit Äpfeln, *Diäko*	366	1531		Mint-Täfelchen, *Schneekoppe*	505	2109
					Minuto, Eintöpfe, *Birkel*, 1 Becher i. D.	135	565

Nw = Nährwerte: E = viel Eiweiß – bevorzugt essen   F = viel Fett – vorsichtig essen
K = viele Kohlenhydrate – überlegt essen   M = viele Mineralstoffe – bevorzugt essen
V = viele Vitamine – bevorzugt essen   B = Ballaststoffe – gezielt essen

M

Nw	kcal	kJ
Minuto, Kartoffel-töpfe, *Birkel*, 1 Becher i. D.	160	670
Minuto, Menüs, *Birkel*, 1 Becher i. D.	247	1034
Minuto, Nudel-Suppen-Mahlzeiten, *Birkel*, 1 Becher i. D.	215	900
MV *Mirabelle*, 1 Stück, 10 g	6	25
MV Mirabellen	67	280
MV Mirabellen, 500 g Einkauf	315	1319
F *Mirabo*, i. D.	421	1761
F *Miracel Whip*	450	1884
F *Miracel Whip*, 1 EL	90	377
F *Miracel Whip*, 1 TL	45	188
Miracoli, *Kraft*, 1 Portion + Butter	658	2754
Miracoli, *Cravattini* (+ Butter und Milch), 1 Portion	613	2566
Miracoli, *Tortellini* (+Butter), 1 Portion	640	2679
KB Mischbrot	261	1093
KB Mischbrot, 1 Scheibe, 40 g	104	437
V Mispel (Loquat)	95	398
V Mispel, 1 Stück, 25 g	25	105
Mixed Pickles, *Hengstenberg*	26	111
KB *Mjölk-Bröt*, *Wasa*, 1 Scheibe	25	106
K *M & M's Milchschoko-lade*, 45 g	219	917
K *M & M's Milchschoko-lade + Erdnüsse*, 45 g	235	984
Modifast, Überge-wichtsdiät, 1 Beutel	148	620
F Mohn	536	2244
MV Möhren	41	172
MV Möhren, 1000 g Einkauf	308	1289

Nw	kcal	kJ
Mohrenkopf, 1 Stück	70	293
V Möhrensaft, 0,1 l	28	117
V Möhren-Saft, *Schnee-koppe*, 100 ml	30	126
Möhrentopf, Feiner, *Rademann*	78	327
K Mokkabohnen	530	2219
K Mokkabohnen, 6 Stück	50	209
Mokka-Flip, 1 Portion	120	502
Molat	472	1976
Molke, 0,25 l	60	251
Molke, Frucht-, *Heirler*, 0,25 l	138	578
Molke-Getränk-Granulat, *Dr. Ritters*, 1 EL	37	155
Molkenpulver, 1 EL	35	147
K *Mon Chérie*, 1 Stück	50	195
K *Mondamin*	350	1485
K *Mondamin*, 1 TL	14	45
K *Mondamin*, Fix-Soßenbinder, 1 TL	18	75
K *Mondamin*, Mehl-schwitze, 1 TL	27	115
E *Monster-Backe*, Fruchtquark, *Ehrmann*, 1 Becher	72	299
Monster-Mahl, Junior, *Unox*, 1 Portion	318	1329
V Moosbeeren	48	201
V Moosbeeren, 500 g Einkauf	221	925
Morcheln	31	130
Morcheln, 500 g Einkauf	125	523
Morcheln, getrocknet	143	599
Morchelsoße, *Knorr*, 1 EL	15	63
F Mortadella i. D.	367	1536
Mortadella, *Wiltmann*	107	454
Mortadella, Diät-, *Nuxo*	200	837

Nw		kcal	kJ	Nw		kcal	kJ
	Mortadella, Geflügel-, *Gutfried*	240	1005		*Müllermilch »leicht«*, Diät, 0,25 l	128	536
	Mortadella, kalo-arm, *Rademann*	191	800		Münsterkäse, 45%	304	1276
	Moussaka, *Iglo*, 400 g	542	2261	F	Münsterkäse, 50%	335	1402
	Moussaka-fix, *Knorr*, 1 Beutel	150	640		Mürbegebäck, *Sionon*, 1 Stück	31	130
	Mousse au Chocolat, *Dr. Oetker*, 1 Becher	219	912		Mürbekeks, *Schneekoppe*	442	1861
	Mousse au chocolat, *Schöller*	262	1097		Mürbekeks, *Sionon*, 1 Stück	29	119
	Mousse aux noisettes, *Schöller*	238	996	KB	Müsli, FP, trocken, 40 g i. D.	160	670
	Mousse Chocolat, *Migros*, 75 g	123	515	KB	Müsli, Früchte-, FP, trocken, 40 g i. D.	195	816
	Mousse à la Vanille, *Dr. Oetker*,	433	1829	KB	Müsli, Knusper, *Kölln*	427	1809
	Mousse, feine Bourbon-Vanille-, *Dr. Oetker*, 100 g	171	714	KB	Müsli Plus, *Dr. Oetker*	163	686
	Mousse & Creme, Kokos, *Dr. Oetker*, 1 Becher	192	803	B	Müslikeks, *Schneekoppe*	467	1961
	Moutarde Sauce	183	771		*Müsli-Schnecken*, *Knack & Back*, *Kraft*, 1 Stück	130	544
	Mozartkugel, 1 Stück	100	419	KB	*Müslix*, *Kellogg's*, 1 Riegel	109	464
E	Mozzarella	207	867	KB	Mulit-Korn-Müsli, *Schneekoppe*	341	1444
F	*Müller* Joghurt extra leicht, i. D.	48	203	V	Multivitamin-Bonbons, zucker-frei, *Diedenhofen*, 75 g	273	1143
KB	*Müller* Knusper Joghurt, Müsli	128	535	V	Multi-Vitamin-Brause-Tabletten, 1 Tablette	8	33
KB	*Müller* Knusper Joghurt, Schoko	145	615	V	Multi-Vitamin-Diät-Nektar, *Hipp*	22	95
F	*Müller* Reine Butter-milch	43	182	V	Multi-Vitamin-Fruchtnektar, *Wertkost*, 0,1 l	33	138
	Müller Sahne-Milch-reis, i. D.	147	623				
	Müllermilch, i. D.	83	346				
M	*Müllermilch*, Frucht, 0,25 l i. D.	210	879				

Nw = Nährwerte: E = viel Eiweiß – bevorzugt essen F = viel Fett – vorsichtig essen
K = viele Kohlenhydrate – überlegt essen M = viele Mineralstoffe – bevorzugt essen
V = viele Vitamine – bevorzugt essen B = Ballaststoffe – gezielt essen

Nw	kcal	kJ	Nw	kcal	kJ
M			F Neunauge	280	1172
V Multi-Vitamin-Gemüsetrunk, *Wertkost*, 0,1 l	12	50	Niere, Kalb	137	573
			Niere, Schwein	125	523
KB Mungobohnenkerne	329	1377	Nikolaschka (4cl Weinbrand, 1 TL Zucker)	100	419
E Muschelfleisch	72	301			
E Muscheln, 1000 g Einkauf	130	544	*Nimm 2*, 1 Stück	24	100
E Muscheln, natur (Dose)	72	301	K *Nippon Knusperreis*, 1 Stück, 12,5 g	66	276
Muskateller, 5 cl i. D.	80	335	MV Nisslsalat	22	92
K MX Vollmilch-Schoko i. D.	444	1866	K Nockelgrieß, 1 Päckchen	353	1478
			E Norwegische Fisch-suppe, *Knorr*, 1 Beutel	280	1170
N			K Nougat	575	2407
			Nudelauflauf mit Hackfleisch, *Pfanni* TK, 1 Packung	462	1960
K Nährbier, 0,33 l	185	774	Nudeleintopf mit Fleischklößchen, *Knorr*, 1 Teller	170	720
V Nährhefe, salzlos, 1 EL	29	121			
V Nashi	53	222	Nudelplatte »Italioa«, Bunte, *Erasco*, 1 Portion	508	2133
Nasi-Goreng, *Dr. Oetker* TK, 1 Portion	474	2007			
Natreen-Dessert zum Kochen, 1 Portion i. D.	81	338	K Nudeln, gekocht (= 30 g roh)	117	490
			K Nudeln, grün, roh (= 350 g gekocht)	370	1549
Negerkuß, 1 Stück	70	293	K Nudeln, grün, ge-kocht (= 30 g roh)	111	465
V Nektarine	46	193			
V Nektarine, 1 Stück, 125 g	53	222	K Nudeln, roh (= 350 g gekocht)	390	1632
V Nektarine, 500 g Einkauf	212	887	Nudeln in Tomaten-soße mit Fleisch-klößchen und *Disney* Nudelfiguren, 1 Portion = 200 g	170	712
Nescafé, ohne Milch und Zucker	0	0			
Nescao, 1 TL	20	84			
Nesquick, 1 TL	20	84	Nudeln in Tomaten-soße mit Miniwürst-chen und *Disney* Nudelfiguren, 1 Portion = 200 g	195	816
Nestargel	0	0			
Nestea, Citrone, 1 Tasse	40	167			
Netzannone	101	423			

Nw	kcal	kJ	Nw	kcal	kJ
Nudeln mit Gulasch, »Micro Chef« Unox	290	1230	Obstgarten, 20%, 125 g	169	709
Nudelpfanne »Provençale«, »Bistro«, Iglo TK, 400 g	451	1893	E Obstgarten Joghurt, 150 g	159	677
Nudelsalat, Nadler	304	1273	Obstgarten leicht & leicht, 125 g	91	389
Nudeltopf mit Rindfleisch, Maggi, 0,25 l	145	610	Obstkonserven, s. a. einzelne Sorten		
K Nürnberger Lebkuchen, 1 Stück, ca. 50 g	185	774	Obstkonserven, Diätobst i. D.	75	314
MV Nüßlisalat	22	92	Obstkonserven, natreen, (Glas) i. D.	39	165
Nußgebäck, Sionon, 1 Stück	48	518	K Obstkuchenboden, FP, 1 Platte i. D.	600	2512
K Nussini, Milka, 1 Riegel	227	950	Obstkuchenteig, BM, Dr. Oetker	346	1470
FK Nußnougat, Schwartau	503	2132	Obstler, Riemerschmid, 100 ml	210	871
FK Nuß-Nougat-Creme, 1 TL i. D.	56	234	F Ochsenmark	733	3078
FK Nutella	514	2152	Ochsenmaulsalat, Nadler	36	151
FK Nutella, 1 TL	51	215	E Ochsenschlepp	197	825
K Nuts, 1 Riegel	260	1090	E Ochsenschwanz	197	825
K Nuts mini, 1 Stück	80	335	E Ochsenschwanz, 1000 g Einkauf	1084	4538
			Ochsenschwanzsuppe, klar, Jensen's, 1 Tasse	38	159
			Ochsenschwanzsuppe, Maggi, 0,25 l	75	325
F Obers, 30%, 0,1 l	317	1327	Ochsenzunge, Aufschnitt	223	933
F Obers, 30%, 1 TL	16	67	Öl, s. a. einzelne Sorten		
Oberskren, 1 EL	40	167	F Öl, 100 ml	820	3360
Obstbranntwein, 38% 2 cl	47	197	F Öl, 1 EL	83	347
Obstessig, 1 EL	2	8	F Öl, 1 TL	18	75
Obstessig-Trank, Hensels, 0,1 l	51	213	Ölsardinen, abgetropft	238	996

Nw = Nährwerte: E = viel Eiweiß – bevorzugt essen   F = viel Fett – vorsichtig essen
K = viele Kohlenhydrate – überlegt essen   M = viele Mineralstoffe – bevorzugt essen
V = viele Vitamine – bevorzugt essen   B = Ballaststoffe – gezielt essen

Nw		kcal	kJ	Nw		kcal	kJ
	Ölsardine, abge-				Orangenmarmelade,		
	tropft, 1 Stück i. D	80	335		*Schwartau*	265	1126
V	Ogenmelone	52	218	V	Orangensaft, frisch		
K	*Ohne Gleichen*, *Bahlsen*	575	2400		oder TK, 0,1 l	46	193
V	Okra	44	184	V	Orangensaft (Dose		
	Old Fashioned, 4 cl	140	586		oder Flasche), 0,1 l	50	209
	Olio dante »extra			V	Orangensaft, *Donath*,		
	vergine«, 100 ml	820	3430		100 ml	43	180
M	Oliven, grün	146	611	V	Orangensaft, »leichter		
M	Oliven, grün,				Genuss«, *Granini*,		
	10 Stück	56	234		0,1 l	22	92
F	Oliven, schwarz	351	1469	V	Orangensaft, »trink-		
	Oliven mit Mandel,				Genuß«, Granini,		
	1 Stück	13	54		0,1 l	41	172
F	Olivenöl, 100 ml	820	3430		Original *Wiltmann*		
F	Olivenöl, 1 EL	83	347		Salami	387	1618
F	Olivenöl, 1 TL	18	75	F	Orion (Rapsöl)	930	3893
E	Olmützer Quargel,			KB	*Orvita Dreikorn-*		
	Heirler, 1 Rolle	150	628		Kräcker, granoVita	438	1833
	Omelett mit Schin-			K	Osterei, Cremefül-		
	ken, Gemüsefüllung				lung, 1 Stück i. D.	100	419
	und Püree, *Diäko*	305	1278	K	Osterei, Nougat,		
	Onion Rings,				1 Stück, ca. 20 g	115	481
	BurgerKing,			K	Osterei, Vollmilch,		
	1 Portion	294	1232		4 kleine, je ca. 5 g	120	502
	Opekta, Gelierpulver,				Ouzo, 43%, 2 cl	68	285
	10 g	29	121	K	*Ovomaltine*	380	1591
	Opekta 2000, 1 Nor-			K	*Ovomaltine*, 1 TL	18	75
	malflasche, 225 ml	68	285		*Ovomaltine* mit		
	Opekta, Zwei zu Eins,				Magermilch, 0,25 l	142	594
	1 Beutel	43	180		*Ovomaltine* mit Voll-		
	Optisteak, paniert,				milch, 0,25 l	206	862
	Migros	177	741		*OVO-Riegel*, 1 Stück	107	448
V	Orange	54	226				
V	Orange, 1 Stück,						
	150 g	58	244				
V	Orange, 500 g Einkauf	195	816				
K	Orangeat	276	1155				
V	Orange-Fruchtschnit-				Paella, *bofrost**	164	687
	ten, *Schneekoppe*	361	1531		Paella, *Dr. Oetker*		
K	Orangengelee, 1 TL	31	130		TK, 350 g	578	2426
K	Orangenmarmelade,				Paella, *Maggi*,		
	1 TL	27	113		1 Packung	435	1840

P

Nw	kcal	kJ	Nw	kcal	kJ
Paella mit Huhn »Micro Chef«, *Unox*, pro Portion	350	1480	Paprikaschote, *Sonnen* (Dose), 1 Stück	448	1875
K *Päng*, Schokoladestengel, 1 Stück	251	1051	Paprika-Spread, *Vitam*, 1 EL	17	70
Palmherzen (Dose)	40	167	V Paradeiser	21	88
F *Palmin, Palmin-soft*	900	3767	V Paradeiser, 1 Stück, 50 g	11	46
Palmitos (Dose)	40	167	Paradeisermark, 1 EL	23	96
E *Pamesello*, Streukäse, 30%, 1 EL	47	197	*Paradiescreme*, ohne Kochen, *Dr. Oetker*, 75 g, i. D.	101	427
V Pampelmuse	42	176			
V Pampelmuse, 1 Stück, 250 g	80	335	*Paradiessoßen*, Dr. Oetker, 1 EL	19	79
Panettone i.D.	339	1419	FB Paranüsse	714	2989
K Paniermehl	352	1473	FB Paranüsse, 3 Kerne	130	544
K Paniermehl, 1 EL	35	147	FB Paranüsse, 500 g Einkauf	1700	7116
K Paniermischung, *Knorr*, 1 EL	72	304	K Parisergipfel, 1 Stück	141	590
V Papaya	44	184	E Parmaschinken	340	1423
V Papaya, 1 Stück, 400 g	135	565	EF Parmesan	395	1653
V Papayasaft, 0,1 l	50	209	EF Parmesan-Streukäse, 1 EL	40	167
Paprika-Gulasch mit Kartoffeln, *Hipp-Diät*, 300 g	265	1125	EF Parmesan-Streukäse, 1 TL	13	54
Paprikahähnchen, 1 Packung	595	2491	Partyfrikadellen, *bofrost** TK, 1 Stück	46	193
Paprikamark, *Kühne*, 1 TL	8	33	*Party-Salat in Salat-Creme, Homann*, 250 g	385	1612
Paprika-Pastete, Vegetabile, *Tartex*, 25 g	59	247	Partysalat, *Nadler*	179	749
Paprikapulver	0	0	*Partyschnitzel, bofrost**, 1 Stück	170	708
F Paprikasalami, *Redlefsen*	378	1582	MV Passionsfrucht	106	444
V Paprikaschoten	24	100	MV Passionsfrucht, 1 Stück, 40 g	30	126
V Paprikaschote, 1 Stück, 150 g	28	117	V Passionsfruchtsaft, 0,1 l	78	327
V Paprikaschoten, 1000 g Einkauf	185	774	Pasta asciutta, *Hipp-Diät*, 300 g	267	1118

P

Nw = Nährwerte: **E** = viel Eiweiß – bevorzugt essen **F** = viel Fett – vorsichtig essen
K = viele Kohlenhydrate – überlegt essen **M** = viele Mineralstoffe – bevorzugt essen
V = viele Vitamine – bevorzugt essen **B** = Ballaststoffe – gezielt essen

Nw		kcal	kJ
P	*Pasta Snacks*, Nudeln in Lachs-Sauce, *Maggi*, 1 Portion	273	1156
	Pasta Snacks, Nudeln in Käse-Sauce, *Maggi*, 1 Portion	298	1254
	Pasta Snacks, Nudeln in Pilz-Sauce, *Maggi*, 1 Portion	256	1081
	Pasta Snacks, Nudeln in Schinken-Sauce, *Maggi*, 1 Portion	283	1194
	Pasta Snacks, Nudeln in Tomaten-Creme-Sauce, *Maggi*, 1 Portion	311	1314
	Pasteria Zwei-Portionengericht, *Maggi*, i. D.	624	2625
	Pasteten, Vegetabile, *Tartex*, 25 g i. D.	60	251
	Pastetenfüllung, Fleisch, für 1 Stück i. D.	160	670
	Pastinaken	68	285
	Pastinaken, 1000 g Einkauf	463	1938
	Patriarch, 45%, *Champignon*	385	1628
	Patrizier Leicht, 0,5 l	120	502
F	Pecorino, 36%	368	1540
FB	Pekannüsse	760	3181
FB	Pekannüsse, 6 Kerne	100	419
	Pekingkohl	16	67
	Pekingkohl, 500 g Einkauf	63	264
	Peking-Suppe, Dr. Oetker TK, 250 ml	148	624
	Pektin-K, Dr. Ritters, 2 EL	9	38
EV	Pellkartoffeln	72	301

Nw		kcal	kJ
V	Peperoni	28	117
	Pepsi Cola, 0,33 l	132	553
	Perlzwiebel, eingelegt, 1 Stück	1	4
	Pernod, 40%, 2 cl	68	285
MV	Persimone	127	532
E	Petersfisch	88	367
V	Petersilie, gehackt, 1 EL	1	4
V	Petersilie TK, *Iglo*, 25 g	5	21
	Petersilienwurzel	33	138
	Petit Suisse nature, Migros, 30 g	74	310
K	*Petite*, i. D., *Bahlsen*	575	1445
F	Pfälzer, 1 Stück, 70 g	250	1046
	Pfannengemüse »Bauernart«, *Iglo* TK	114	477
	Pfannengemüse »Französisch« und »Chinesisch«, *Iglo* TK	101	423
	Pfannen-Gyros-fix, Knorr, 1 Beutel	60	255
	Pfeffer	0	0
	Pfeffer, grün, 1 EL	28	117
K	Pfefferkuchenherz, 1 Stück	25	105
	Pfefferminzdrops, 1 Stück	20	84
	Pfefferminzlikör, 30%, 2 cl	72	301
	Pfefferschote, scharf, 1 Stück	18	75
	Pfeffer-Soße, *Knorr*, 1 EL	16	70
E	Pferdefleisch i. D.	118	494
E	Pfifferlinge	23	96
E	Pfifferlinge, 500 g Einkauf	70	293
	Pfifferlinge (Dose)	34	142

Nw	kcal	kJ	Nw	kcal	kJ
Pfifferlingrahm-Suppe, *Erasco*, 1 Teller	113	470	Pflaumensaft 0,1 l	100	419
MV Pfirsich	46	193	E *Philadelphia Frischkäse*	300	1256
MV Pfirsich, 1 Stück 125 g	53	222	E *Philadelphia leicht*	185	774
MV Pfirsich, 500 g Einkauf	212	887	E *Philadelphia Frischkäse* mit Tzatziki	200	837
Pfirsich (Dose)	77	322	VM Physalis	58	243
Pfirsich (Glas), *Schneekoppe*	25	107	*Picalilli, Kühne*, 1 EL	22	92
KB Pfirsich, getrocknet	282	1180	Pichelsteiner Topf, *Sonnen*, 250 g	165	691
Pfirsichbowle, 0,2 l	170	712	*Pico bello*, Nudel-gerichte, *Birkel*, 1 Portion i. D.	180	753
V Pfirsich-Maracuja-Schnitten, *Dr. Oetker*	311	1314	FB Pignoli	626	2620
V Pfirsich-Saft, »*trink-Genuß*«, Granini, 0,1 l	51	213	Pikanter Geflügel-salat, *Hipp-Diät*, 300 g	271	1134
E Pflanzenfleisch (Soja), *Hensels*	205	858	E Pilgermuscheln	82	343
F Pflanzenmargarine, Vollwert, *Eden*	720	3014	E Pilgermuscheln, 100 g Einkauf	361	1511
MV Pflaumen	62	260	Pils, 0,33 l i. D.	146	611
MV Pflaume, 1 Stück, 10 g	6	25	Pilze, s. a. einzelne Sorten		
MV Pflaumen, 500 g Einkauf	292	1222	Pilze i. D.	30	126
Pflaumen (Dose)	91	381	E Pilze, getrocknet, 10 g i. D.	27	113
KB Pflaumen, getrock-net, mit Kern, 1 Stück, 6 g	15	63	*Pims Cake*, i. D., *DeBeukelaer*	402	1608
KB Pflaumen, getrock-net, mit Kernen	249	1042	FB Pinienkerne	626	2620
KB Pflaumen, getrock-net, ohne Kerne	292	1222	FB Pinienkerne, 1 EL, 20 g	125	523
K Pflaumenmus	230	963	FB Pistazien	642	2687
K Pflaumenmus, 1 TL	23	96	FB Pistazien, 1 EL, 20 g	128	536
Pflaumenmus, »*Holsteiner Pfl.*«, *Schwartau*	233	990	K PizzPockets, i. D. *McCain*	251	1054
			K Pizza Crossa Bolognese, *Iglo* TK, 1 Packung	723	3029
			K Pizza Crossa, Classica, *Iglo* TK, 290 g	698	2925

P

Nw = Nährwerte: E = viel Eiweiß – bevorzugt essen   F = viel Fett – vorsichtig essen
K = viele Kohlenhydrate – überlegt essen   M = viele Mineralstoffe – bevorzugt essen
V = viele Vitamine – bevorzugt essen   B = Ballaststoffe – gezielt essen

P

Nw		kcal	kJ
K	Pizza Quattro Champignon, *Iglo* TK, 200 g	370	1560
K	Pizza Quattro Salami/Schinken, *Iglo* TK, 200 g	396	1668
	Pizza Maestro, Quattro Stagioni, *Dr. Oetker* TK, 1 Pizza	893	3749
	Pizza Ristorante, Schinken, *Dr. Oetker* TK, 1 Pizza	863	3626
	Pizza Ristorante, Spinaci, *Dr. Oetker* TK, 1 Pizza	950	3992
	Pizza Rustica, Salami, *Dr. Oetker* TK, 1 Pizza	759	3216
K	Pizza Traditionale Carbonara, *Dr. Oetker* TK, 1 Pizza	650	2735
K	Pizza Traditionale, Vegetale, *Dr. Oetker* TK, 1 Pizza	600	2516
KB	Pizza-Boden, Vollkorn, *Studt*, 1 Packung	351	1469
	Pizza Teig, *Knor*, 1 Beutel	1017	4275
	Pizzarella-Scheibletten, 45%, *Kraft*, 1 Scheibe, 25 g	72	301
	Plavac, feinherb, 0,25 l	176	737
	Plavac, mild, 0,25 l	187	783
F	Plockwurst i. D.	325	1359
F	Pökelfleisch i. D.	480	2009
	Pökelzunge	230	963
KB	Polenta, gekocht, 1 EL	50	209
KB	Polentamehl	376	1576

Nw		kcal	kJ
KB	Polentamehl, 1 EL	75	314
	Pomelo	32	134
V	Pomelo, 1 Stück, 250 g	65	272
	Pommes chips, 1 Stück	10	42
K	Pommes frites (fritiert), 150 g i. D.	330	1381
K	Pommes frites, TK	130	544
K	Pommes frites, ofenfertig, TK, 150 g	260	1088
E	Pompano	102	426
	Pompoms, McCain	215	912
	Popcorn	368	1540
	Popcorn, 1 EL	8	33
	Pop Corn Choc, *Migros*	421	1762
MV	Porree, grün	27	113
MV	Porree, weiß	36	150
MV	Porree, 500 g Einkauf	110	460
	Portulak	23	96
	Portwein, 5 cl	70	293
	Potato Snack, *Maggi*, Beutel i. D.	368	1547
	Pot au feu	47	200
	Poularde, s. a. Hähnchen		
E	Poularde	144	603
E	Poularde, 1000 g Einkauf	1066	4462
	Poulet, s. a. Hähnchen		
E	Poulet	144	603
E	Poulet, 1000 g Einkauf	1066	4462
K	Powidl	230	963
K	Powidl, 1 TL	23	96
	Prairie Oyster, 1 Glas	170	712
K	Praline, 1 Stück i. D.	60	251
K	Pralinen-Auslese, Edle, *Schneekoppe*	544	2267

Nw		kcal	kJ	Nw		kcal	kJ
	Pralinenmischung, *Sionon*	540	2250		Puszta-Sauce, *Kraft*, 1 EL	20	84
K	*Pralinos*, Schokolade	609	2549		Pute, s. a. Truthahn		
MV	Preiselbeeren	46	193	E	Pute	163	682
M	Preiselbeeren (Glas), *Schneekoppe*	29	120	E	Pute, 1000 g Einkauf	1197	5011
	Preiselbeerkonfitüre	195	816	E	Pute in Aspik, *»leicht & lecker«, Könecke*	82	343
	Preiselbeerkonfitüre, 1 TL	20	84	E	Putenbrust	115	481
	Preiselbeersoße	146	611	E	Putenbrust, geräuchert	123	515
F	Preßsack i. D.	322	1348	E	Putenherzen	122	511
E	Preßkaviar	300	1256	E	Putenkeule	125	523
K	*Prinzenrolle*, 1 Stück, 24 g	115	481	E	Putenleber	147	615
	Pudding, s. a. einzelne Sorten			E	Putenmedaillons, *Erasco*, 1 Portion	494	2083
	Pudding, einfach, mit Milch, 1 Portion i. D.	150	628	E	Putenschnitzel	115	481
	Pudding mit Sahne, *chambourcy*, 125 g	130	544				
	Pudding mit Soße, i. D., *Dr. Oetker*	110	464		*Quality Street*, 20 g	95	400
	Puddingpulver, 1 Päckchen i. D.	125	523	E	Quargel, 1 Stück, 25 g	34	142
	Puddingpulver, i. D., *Dr. Oetker*	346	1470	E	Quark, mager	78	327
	Pudding-Traum, Elite, 125 g	137	573	E	Quark, mager, 1 EL	23	96
				E	Quark, 20%	116	486
K	Puderzucker	350	1465	E	Quark, 20%, 1 EL	35	147
K	Puderzucker, 1 EL	70	293	F	Quark, 40%	167	699
K	Puderzucker, 1 TL	20	84	F	Quark, 40%, 1 EL	50	209
	Puffreis, 1 EL	8	33	E	Quark, Frucht-, 20%	147	615
	Puffreis, 1 Tasse	58	243	E	Quark-Creme mit Früchten, *Ehrmann*, 150 g	221	907
	Pulverkaffee	0	0				
KB	Pumpernickel	257	1034		Quarkdessert, *»Du darfst«*	64	270
KB	Pumpernickel, 1 runde Scheibe, 20 g	50	209		Quark-Desserts, *Heirler*, 150 g	176	737
KB	Pumpernickel, 1 Scheibe, 40 g	97	406				

Nw = Nährwerte: E = viel Eiweiß – bevorzugt essen   F = viel Fett – vorsichtig essen
K = viele Kohlenhydrate – überlegt essen   M = viele Mineralstoffe – bevorzugt essen
V = viele Vitamine – bevorzugt essen   B = Ballaststoffe – gezielt essen

Nw	kcal	kJ	Nw	kcal	kJ
Q *Quarkfein Cremepulver, Dr. Oetker,* i. D.	104	441	Ragout vom Huhn mit Reis, *Langnese,* TK, 350 g	403	1694
Quarktraum, i. D., *natreen*	62	262	*Raguletto*-Spaghetti-Saucen, 1 EL i. D.	24	100
Quench (alle Geschmackstypen), zubereitet, 0,25 l	130	544	Rahm, s. a. Sahne		
			Rahm, 10%, 0,1 l	126	527
Quiche Lorraine *Dr. Oetker,* 150 g	333	1351	Rahm, 10%, 1 EL	13	54
MV Quitten	68	285	F Rahm, 30%, 0,1 l	317	1327
MV Quitte, 1 Stück, 150 g	86	360	F Rahm, 30%, 1 EL	32	134
			F Rahm, 30%, 1 TL	16	67
MV Quitten, 500 g Einkauf	286	1197	Rahm, geschlagen, 1 EL	15	63
K Quittengelee, 1 TL	25	105	*Rahmeck,* 50%, *Kraft,* 1 Ecke, 62,5 g	188	787
Quittensaft, 0,1 l	64	268	Rahmfrischkäse, *Gervais,* 1 Becher, 62,5 g	165	681
			Rahmgulasch mit Eierspätzle, *Hipp Leicht-Menü,* 300 g	314	1314
R			Rahm-Blumenkohl, *Iglo* TK	99	412
F Raclettekäse, Walliser, 52%	401	1679	Rahm-Wirsing, *Iglo* TK	76	318
R'Activ Milch-Mix-Getränk, 100 ml	33	138	Rahm-Kohlrabi, *Iglo* TK	95	395
V *R'Activ* Multivitamin	20	83	Rahmsoße, *Knorr,* 205 ml	185	760
V *R'Activ* Orangen-Milch-Mix, 100 ml	14	61	Rahmsoße zu Braten, *Maggi,* 60 ml	50	200
R'Activ Tropic-Frucht-Mix, 100 ml	18	75	Rahmspinat, *Iglo* TK	59	247
VB Radi	19	80	Raider, 1 Riegel, 30 g	140	620
V Radicchio	27	113	Raki, 45%, 2 cl	68	285
MV Radieschen, 1 Bund, 80 g	16	67	F *Rama*	720	3014
Radlermaß, 1 l	526	2202	Rambutan	69	289
Räucherschinken, roh	396	1658	F *Ramee*-Camembert, 55%	351	1469
Ragout fin, *Nadler*	104	438	F *Ramee* Royal Tarte, 60%	398	1666
Ragout fin, *Nadler,* 1 EL	26	109	MV Randen	44	184
Ragout fin, Vegetarisches, *Tartex*	82	343	MV Randen, 1000 g Einkauf	344	1440

Nw	kcal	kJ
E *rank + fein*, Weich-käse, 10%, *Heirler*, 125 g	178	745
F Rapsöl, 100 ml	820	3360
F Rapsöl, 1 EL	83	347
MV Rapunzel	22	92
K Raspelschokolade, *Schwartau*	487	2061
Ratatouille, *Migros*	50	209
Ratsherren-Topf, *Hipp Leicht-Menü*, 300 g	262	1110
F Rauchfleisch, fett	360	1507
E Rauchfleisch, mager	264	1105
K Ravioli in pikanter Sauce, *Maggi*, 830 g	685	2910
K Ravioli in Tomaten-sauce, *Maggi*, 830 g	790	3320
Ravioli mit Schinken, *Hipp-Diät*, 300 g	275	1163
Ravioli, Vegetarische, *Tartex*	91	381
KB Ravioli, Vollkorn, *Maggi*, 830 g	670	2820
E Rebhuhn	111	465
E Red Snapper	104	434
E Regenbogenforelle	112	469
E Regenbogenforelle, 200 g Einkauf	116	486
F Regensburger, 1 Stück, 70 g i. D.	248	1038
V Regina-Trauben	74	310
V Regina-Trauben, 1000 g Einkauf	691	2893
Regular French Fries, *BurgerKing*, 1 Portion	290	1212
Regulin, Diät, 1 Beutel	182	762

Nw	kcal	kJ
E Reherl	23	96
E Reherl, 500 g Einkauf	70	293
E Rehrücken	133	557
E Rehrücken, 1000 g Einkauf	931	3897
E Rehschlegel	106	444
E Rehschlegel, 1000 g Einkauf	869	3638
F Reiberdatschi, TK, gebraten, 1 Stück	185	774
Reibkäse, 1 EL	40	167
E Reinanken	108	452
E Reinanken, 200 g Einkauf	146	611
MV Reineclauden	72	301
MV Reineclaude, 1 Stück, 10 g	7	29
MV Reineclaude, 500 g Einkauf	346	1448
VK Reis, braun, roh (= 400 g gekocht)	372	1557
VK Reis, braun, gekocht (= 25 g roh)	93	389
K Reis, weiß, roh (= 300 g gekocht)	369	1545
K Reis, weiß, gekocht (= 33,3 g roh)	123	515
K Reisflocken	330	1381
K Reisflocken, 1 EL	10	42
K *Reis Frosty, Kellogg's*, 32 g	121	514
K Reismehl	371	1553
K Reismehl, 1 EL	74	310
Reis mit Huhn, *Sonnen*, 1 Dose	450	1884
Reispfanne, Griechische, Erasco, 1 Portion	605	2550
K Reisstärke	360	1507
K Reisstärke, 1 EL	54	226
K Reisstärke, 1 TL	18	75

R

Nw = Nährwerte: E = viel Eiweiß – bevorzugt essen   F = viel Fett – vorsichtig essen
K = viele Kohlenhydrate – überlegt essen   M = viele Mineralstoffe – bevorzugt essen
V = viele Vitamine – bevorzugt essen   B = Ballaststoffe – gezielt essen

R

Nw	kcal	kJ
Reistag, Dr. Ritters, 80 g	303	1268
E Reizker	27	113
Relish, Barbecue-, *Kraft*, 1 EL	72	301
Relish, Exotic, *Kraft*, 1 EL	68	285
Relish, Fondue-, *Kraft*, 1 EL	64	268
Relish, Mexican-, *Kraft*, 1 EL	48	201
Relli, 40%, *Kraft*, 1 Ecke, 25 g	68	285
F Remoulade	615	2614
Remoulade light	264	1114
F Remoulade, 50%	500	2093
F Remoulade, 50%, 1 EL	150	628
F Remoulade, 80%	760	3181
F Remoulade, 80%, 1 EL	228	954
E Renke	108	452
E Renke, 200 g Einkauf	146	611
E Rentierfleisch, TK, i. D.	118	494
E Rentierschinken	264	1105
VB Rettich	19	80
VB Rettich, 1 Stück, 200 g	29	121
MV Rhabarber	18	75
MV Rhabarber, 1000 g Einkauf	140	586
MV Rhabarbertrunk, *Wertkost*, 0,1 l	53	222
Rheinischer Sauer- braten, *Sonnen-*, 1 Dose	627	2625
VB Ribisel, rot	45	188
VB Ribisel, schwarz	63	264
Ribisel, weiß	38	159
K Ribisel-Jam, 1 TL	26	109

Nw	kcal	kJ
MV Ribiselsaft, rot, 0,2 l	100	419
MV Ribiselsaft, schwarz, 0,2 l	110	460
Ricard, 43%, 2 cl	68	285
K Rice Krispies, *Kellogg's*, 30 g	113	478
F Ricotta, 30%	396	1658
Rigatoni *»Milano«*, *Erasco*, 1 Portion	269	1141
FK Rillis, *Chio Chips*	565	2365
Rind Szechuan, *Iglo*, 350 g	431	1823
E Rinderfilet	126	527
E Rinderherz	133	557
Rinderhirn	137	573
V Rinderleber	141	590
E Rinderlunge	107	448
Rindermarksuppe, Argentinische, *Jensen's*, 1 Tasse	60	251
E Rindermilz	109	456
Rinderniere	122	511
Rinderroulade, *»Du darfst«*, 1 Portion	390	1660
Rindersaftschinken inAspik, *»leicht & lecker«*, *Könecke*	82	343
Rindersuppe, Würfel, 1 Teller	17	71
F Rindertalg	920	3851
Rinderzunge	223	933
Rindfleisch in Aspik, *Redlefsen*	103	429
Rindfleisch in Gemüse-Allerlei, *Hipp-Diät*	262	1110
Rindfleisch *»Jäger- art«*, *Hipp-Diät*, 300 g	264	1105
Rindfleisch und Eiernudeln, *Rademann*	81	339

R

Nw		kcal	kJ	Nw		kcal	kJ
	Rindfleisch, Blume, Rosenspitz	252	1054		Rindfleisch mit italienischem Röstgemüse, *Iglo*, 350 g	538	2244
	Rindfleisch, Blume, 1000 g Einkauf	1999	8368	E	Rindfleisch, Oberschale	131	548
	Rindfleisch, Brust, Brustkern	271	1134	E	Rindfleisch, Oberschale, 1000 g Einkauf	1271	5320
	Rindfleisch, Brust, 1000 g Einkauf	2133	8929	E	Rindfleisch, Schlegel, Keule	160	670
E	Rindfleisch, Bug, Schulter	151	632	E	Rindfleisch, Schlegel, Keule, 1000 g Einkauf	1320	5526
E	Rindfleisch, Bug, Schulter, 1000 g Einkauf	1268	5308	E	Rindfleisch, Schulterfilet	151	632
	Rindfleisch, Fehlrippe	243	1017	E	Rindfleisch, Schulterfilet, 1000 g Einkauf	1268	5308
	Rindfleisch, Fehlrippe, 1000 g Einkauf	2074	8682	E	Rindfleisch, Schwanz	197	825
	Rindfleisch, Fleischdünnung	259	1084	E	Rindfleisch, Schwanz, 1000 g Einkauf	1084	4538
	Rindfleisch, Fleischdünnung, 1000 g Einkauf	2560	10716		Rindfleisch, Spannrippe, Querrippe	288	1206
E	Rindfleisch, Hochrippe, Schorrippe, Rostbraten	239	1000		Rindfleisch, Spannrippe, 1000 g Einkauf	2390	10005
E	Rindfleisch, Hochrippe, 1000 g Einkauf	1864	7803		Rindfleischbällchen in Bohnen, *Hipp Leicht-Menü*, 300 g	252	1070
E	Rindfleisch, Kamm, Hals	145	607		Rindfleischbällchen in Tomaten, *Hipp-Diät*, 300 g	255	1078
E	Rindfleisch, Kamm, Hals, 1000 g Einkauf	1080	4521		Rindfleischkonserven i. D.	225	942
E	Rindfleisch, Lende, Roastbeef	188	787		Rindfleisch-Salat mit Kartoffeln, *Hipp-Diät*, 300 g	262	1112
E	Rindfleisch, Lende, Roastbeef, 1000 g Einkauf	1730	7242		Rindfleischsuppe mit Gemüse, *Alevita*, 1 Teller	85	356

Nw = Nährwerte: E = viel Eiweiß – bevorzugt essen   F = viel Fett – vorsichtig essen
K = viele Kohlenhydrate – überlegt essen   M = viele Mineralstoffe – bevorzugt essen
V = viele Vitamine – bevorzugt essen   B = Ballaststoffe – gezielt essen

Nw		kcal	kJ	Nw		kcal	kJ
R	Rindfleischsuppe mit Nudeln, *Knorr*, 1 Beutel	170	710	B	Roggen-Edel-Kleie, *Steinmetz*, 1 EL, 5 g	9	38
	Rindfleisch-Suppentopf, *Sonnen* (Dose)	250	1047	VB	Roggenkeime	404	1691
	Rindsbouillon, *Maggi*, 0,25 l	20	75	VB	Roggenkeime, 1 EL	42	176
	Rindsroulade, *Eismann* TK, 200 g	448	986	BK	Roggen-Knäcke-Brot, 1 Scheibe	37	155
	Rindsroulade mit Eierspätzle, *Hipp*, 300 g	267	1129	KB	Roggenmehl, Type 997	363	1519
B	Ringäpfel	279	1168	KB	Roggenmehl, Type 997, 1 EL	73	306
B	Ringäpfel, 1 Ring	28	117	KB	Roggenmischbrot, 1 Scheibe, 40 g	102	427
V	Ringlotten	72	301	KB	Roggenvollkornbrot	239	1000
	Rioja, 0,25 l	167	699	KB	Roggenvollkornbrot, 1 Scheibe, 40 g	96	402
	Ripplertes	272	1139		Roggenvollkornmehl, Type 1800	311	1320
	Risotto »Milanese« mit Rindfleisch, *Hipp Leicht-Menü*, 300 g	360	1525		Rohmilch-Camembert, 45%, *Heirler*	288	1206
	Roastbeef	188	787	KB	Rollgerste	370	1549
F	*Robiola Kräuter*, Frischkäsezubereitung, 75%, *Kraft*	325	1360	KB	Rollgerste, 1 EL	74	310
					Rollmops	214	896
	Roc Bier, alkoholfrei, 0,2 l	34	142	E	Rollschinken	252	1055
	Rocher, 1 Praline	75	310		*Rolo Toffee*, 1 Stück	25	100
E	Rochen	85	355	E	Romadour, 20%	190	795
KB	Römische Pflaumen	293	1226		Romadour, 30%	231	967
KB	Römische Pflaumen, 1 Stück	45	188		Romadour, 40%	288	1206
V	Römersalat	21	88	F	Romadour, 50%	326	1365
	Rösti	198	829	F	Roquefort, 55%	368	1540
	Rösti im Frischepack, *Pfanni*, 1 Portion	222	938		Roquefort Sauce	212	893
KB	Roggen, ganzes Korn	358	1499		Rosé, Amselfelder, 0,25 l	195	816
KB	Roggenbrot	256	1072		Rosé, Côtes de Provence, 0,25 l	184	770
KB	Roggenbrot, 1 Scheibe, 40 g	102	427		Rosé, Mateus Rosé, 0,25 l	175	733
KB	Roggenbrötchen, 1 Stück	110	460		Rosé, Oeil de Perdrix, 0,25 l	176	737
					Rosé, Tavel, 0,25 l	172	720
					Rosé, Württemberger Schiller, 0,25 l	159	666
				VB	Rosenkohl, *Iglo* TK	36	153

R

Nw	kcal	kJ	Nw	kcal	kJ
VB Rosenkohl, 500 g Einkauf	210	879	Rote Grütze mit Sahnesoße, *Dr. Oetker*, 1 Becher	187	792
MV Rosenkohl, Rahm-, *Langnese*, TK, 300 g	384	1602	Rote Grütze mit Sahnesoße »*light*«, *Dr. Oetker*, 1 Becher	113	480
KB Rosinen	296	1239	Rote Grütze, Wald-, Gartenfrüchte, *Kühne*	95	398
KB Rosinen klein, 12 Stück, 5 g	15	63	E Rote Meerbarbe	107	450
K Rosinenbrot, 1 Scheibe, 40 g	135	565	MV Rote Rüben	44	184
V *Rotbäckchen* Rot, *Rabenhorst*, 0,1 l	68	285	MV Rote Rüben, 1000 g Einkauf	344	1440
E Rotbarsch, 200 g Einkauf	109	456	V Roter Traubensaft, *Schneekoppe*, 100 ml	70	297
E Rotbarsch, geräuchert	157	657	B *Rotessa*, *Hengstenberg*	43	180
E Rotbarsch, geräuchert, 200 g Einkauf	229	959	B Rotkabis	30	126
E Rotbarschfilet	114	477	F *Rotkäppchen's Frischer Landrahm*, 150 g	377	1578
E Rotbarschfilet, *Dr. Oetker* TK, 1 Stück	105	440	Rotkappe	25	105
			B Rotkohl (Rotkraut)	30	126
MV Rote Bete	44	184	B Rotkohl (Rotkraut), 1000 g Einkauf	236	988
MV Rote Bete, 1000 g Einkauf	344	1440	Rotwein, deutsch, Ahr, 0,25 l	152	636
MV Rote Bete (Glas), *Hengstenberg*	36	153	Rotwein, deutsch, Ingelheimer Spätburgunder, 0,25 l	180	753
MV Rote-Bete-Saft, 0,1 l	42	176	Rotwein, deutsch, Rheingau, Spätburgunder, Spätlese, 0,25 l	177	741
V Rote-Bete-Saft, *Schnee-koppe*, 100 ml	40	167			
Rote Früchte-Diät-Nektar, *Hipp*	21	90	Rotwein, deutsch, Württemberger Trollinger, 0,25 l	154	645
Rote Grütze, i. D., *Dr. Oetker*	84	356	Rotwein, franz., Beaujolais, 0,25 l i. D.	167	699
Rote Grütze *Hipp Leicht-Menü*, 300 g	191	815	Rotwein, franz., Bordeaux, 0,25 l i. D.	175	733
Rote Grütze, »*leicht*«, *Kühne*	58	243			
Rote Grütze, *Schwartau*	120	510			

Nw = Nährwerte: E = viel Eiweiß – bevorzugt essen   F = viel Fett – vorsichtig essen
K = viele Kohlenhydrate – überlegt essen   M = viele Mineralstoffe – bevorzugt essen
V = viele Vitamine – bevorzugt essen   B = Ballaststoffe – gezielt essen

R

Nw	kcal	kJ
Rotwein, franz., Burgund, 0,25 l i. D.	175	733
Rotwein, franz., Château-neuf-du-Pape, 0,25 l	192	804
Rotwein, franz., Côtes du Rhône, 0,25 l	162	678
Rotwein, franz., Loire, 0,25 l i. D.	165	691
Rotwein, franz., Vin de Pays, 0,25 l i. D.	190	795
Rotwein, italien., Barbera, 0,25 l	175	733
Rotwein, italien., Barolo, 0,25 l	187	783
Rotwein, italien., Chianti, 0,25 l i. D.	177	741
Rotwein, italien., Kalterer See Auslese, 0,25 l i. D.	156	653
Rotwein, italien., Valpolicella, 0,25 l i. D.	175	733
Rotwein, jugoslaw., Amselfelder, 0,25 l	189	791
Rotwein, jugoslaw., Plavac, feinherb, 0,25 l	176	737
Rotwein, jugoslaw., Plavac, mild, 0,25 l	187	783
Rotwein, österreich., Blaufränkischer, 0,25 l	186	779
Rotwein, schweizer., Dôle du Valais, 0,25 l	170	712
Rotwein, span., Rioja, 0,25 l i. D.	167	699
Rotwein, ungar., Erlauer Stierblut, 0,25 l	204	854
Rotweincreme, Dessert mit Schuß, *Dr. Oetker*, 1 Portion	151	635

Nw	kcal	kJ
Rouladen-fix, *Knorr*, 1 Beutel	150	640
KB Ruch-Brot	246	1030
KB Ruch-Brot, 1 Scheibe, 40 g	98	410
KB Ruchmehl	335	1402
V Rübenkraut (eingelegte Rüben)	36	151
K Rübenkraut (-sirup)	305	1277
K Rübensirup, 1 EL	76	318
MV Ruebli	41	172
MV Ruebli, 1000 g Einkauf	308	1289
Rübstiele	11	46
Rübstiele, 1000 g Einkauf	67	280
F Rügenwalder Teewurst	482	2018
Rührkuchen, BM, *Dr. Oetker*	350	1489
Rum, 54%, 2 cl	74	310
Rum, Stroh-, 80%, 2 cl	134	561
Rum, Verschnitt, 38%, 2 cl	62	260
Rum, weiß, 38%, 2 cl	50	209
Rum-Aroma, 2 cm³	2	8
FK Rumkugeln	590	2470
FK Rumkugeln, 1 Stück	59	247
Rum mit Cola (0,2 l Cola + 2 cl Rum)	162	678
Rumrosinen, *Schwartau*	253	1076
K Russisch Brot	388	1624
Russisches Ei, *Homann*, 1 Becher, 200 g	420	1758
Russischer Salat, *Nadler*	93	389
Russischer Zupfkuchen, BM, *Dr. Oetker*	359	1525

S

Nw	kcal	kJ	Nw	kcal	kJ
			Sahnetop, Schoko-Dessert, *natreen*, 125 g	83	348
			Sahne-Tortenhilfe, *Dr. Oetker*, 150 g	397	1687
F *Saflor*-Öl, 100 ml	820	3360	F Salami, deutsche i. D.	334	1398
F *Saflor*-Öl, 1 EL	83	347	Salami, »*Du darfst*«	335	1410
Saga Classic, Tholstrup	435	1820	Salami Extra, »*leicht & lecker*«, *Könecke*	302	1264
KB Sago	343	1436	F Salami, italienische	560	2344
KB Sago, 1 EL	70	293	Salami, Truthahn-, *Gutfried*	370	1549
Sahne, 10%, 0,1 l	126	527	F Salami-Schmelzkäse, 45%, 62,5 g	188	787
Sahne, 10%, 1 EL	13	54	Salatcreme »*Salanaise*«, *Livio*, 1 EL	44	184
F Sahne, 30%, 0,1 l	317	1327	Salat-Crouton mit Speck und Apfel, *Knorr*, 1 Beutel	132	550
F Sahne, 30%, 1 EL	32	134			
F Sahne, 30%, 1 TL	16	67			
F Sahne, geschlagen, 1 Portion	140	586	Salat-Dressing, Joghurt, *Livio*, 1 EL	35	147
F Sahne, geschlagen, 1 EL	15	63	*Salatfix*, Französische Art, *Kühne*, 1 EL	42	176
Sahne, Kaffee-, 10%, 1 EL	13	54	*Salatfix*, Italienische Art, *Kühne*, 1 EL	10	42
Sahne, Kaffee-, 10%, 1 TL	5	21	*Salatfix*, kräuterwürzig, *Kühne*, 1 EL	4	17
Sahne, Kaffee-, 15%, 1 EL	18	75	*Salatfix* »*leicht*«, gekräutert, *Kühne*, 1 EL	17	71
Sahne, Kaffee-, 15%, 1 TL	7	29	*Salatfix* mit Joghurt, *Kühne*, 1 EL	20	84
Sahne, sprühfertig, *natreen*, 1 EL	19	80	V Salatkräuter, *Iglo* TK, 1 Päckchen	12	50
Sahnekaramelle, 1 Stück	40	167	*Salatkrönung, Knorr*, 1 Beutel	20	84
Sahne-Meerrettich, *Thomy*, 1 EL	85	360	*Salatkrönung, Knorr*, 1 Beutel, zubereitet i. D.	295	1220
Sahnequark, 40%, *natreen*	160	670			
F Sahne-Schmelzkäse, 60%, 62,5 g	212	887			
Sahnesteif, Dr. Oetker, 8,5 g	365	1553			
Sahnetop, Fertig-dessert, *natreen*	67	280			

S

Nw = Nährwerte: E = viel Eiweiß – bevorzugt essen   F = viel Fett – vorsichtig essen
K = viele Kohlenhydrate – überlegt essen   M = viele Mineralstoffe – bevorzugt essen
V = viele Vitamine – bevorzugt essen   B = Ballaststoffe – gezielt essen

S

Nw	kcal	kJ
Salatkrönung für frische Sahne-Saucen, *Knorr*, 1 Beutel, zubereitet i. D.	335	1390
Salatkrönunng, Joghurt-Sauce, i. D. *Knorr*, 1 Beutel	100	410
F Salat-Mayonnaise, *Thomy*, 1 EL	130	540
Salatsauce French Dressing, 1 EL	31	130
Salatsauce Italian Dressing, 1 EL	31	130
Salatsauce mit Joghurt, *Hengstenberg*	83	350
Salatsauce mit Kräutern, *Hengstenberg*, 1 EL	15	64
Salatsauce ohne Öl, *Migros*, 1 EL	3	13
Salat-Saucen-fix, *Maggi*, 10 g i. D.	28	115
E Salm	217	908
E Salm, 200 g Einkauf	278	1164
K Salmiak-Pastillen, *Konsul*, 50 g	145	607
Salz	0	0
KB Salzbrezel, 1 Stück	94	393
Salzbrezelchen, 5 Stück, 10 g	42	175
Salzdillgurke, 1 Stück, 50 g	9	38
Salzgurken	17	71
F Salzhering	233	975
F Salzhering, 200 g Einkauf	200	837
K Salzletten, *Bahlsen*	405	1725
FB Salzmandeln, 5 Stück	50	209
Salzstangen, 5 Stück	20	84
Salzsticks, 10 Stück	25	105
San-Daniele-Schinken	264	1105

Nw	kcal	kJ
MV Sanddornbeeren	103	431
Sandwichcreme, Schinken, *Diäko*	43	181
F *Sanella*	720	3014
Sangria, 0,2 l	200	837
Sangrita, 5 cl	15	63
Sangrita picante, 5 cl	15	63
Sangrita Würztrunk alkoholfrei, *Riemerschmid*, 100 ml	33	141
E *Sanoghurt*, 1,5%, *Heirler*, 175 g	81	339
E *Sanoghurt* mit Früchten, 1,5%, *Heirler*, 150 g	128	536
V Sapote	125	523
V Sapote, 1 Stück, 85 g	80	335
M Sapotillapfel	89	373
Sardellen	164	686
Sardellenfilet in Öl, abgetropft, 1 Stück	10	42
Sardellenpaste, 1 TL	21	88
Sardinen (frisch)	135	565
V Satsuma	48	201
V Satsuma, 1 Stück, 40 g	13	54
V Satsuma, 500 g Einkauf	156	653
Sauce *al Gusto à la Bolognese*, 1 Packung	325	1380
Sauce *al Gusto à la Carbonara*, 1 Packung	625	2590
Sauce *al Gusto à la Milanese*, 1 Packung	290	1214
Sauce Béarnaise, *Knorr*, 1 EL	44	184
Sauce Bernaise, *Thomy*, 60 ml	125	535
Sauce *Diable*, *Kraft*, 1 EL	70	293
Sauce double, für Fisch, Gemüse & Pasta	35	149

S

Nw	kcal	kJ	Nw	kcal	kJ
Sauce double, für dunkles Fleisch & Wild	50	213	V Sauerkrautsaft, *Rabenhorst*, 0,1 l	15	63
Sauce double, für helles Fleisch & Gemüse	42	177	V Sauerkrautsaft, *Schneekoppe*, 100 ml	10	42
Sauce Hollandaise, *Thomy*, 60 ml	155	640	E Sauermilch, 3,5%, 0,25 l	165	691
Sauce Tartare, *Kraft*, 1 EL	70	293	Sauermilch, *Bio-Drink, Migros*, 0,2 l	106	444
Saucen, *Tartex*, 1 EL	14	59	Sauerrahm, 10%, 0,1 l	126	527
MV Sauerampfer	27	113	Sauerrahm, 10%, 1 EL	32	134
Sauerbraten, *Erasco*, 1 Portion	516	2179	Sauerrahm, extra, 18%	195	816
Sauerbraten *fix*, *Knorr*, 50 g	170	720	Sauerrahm, extra, 18%, 1 EL	49	205
Sauerbraten mit Eierspätzle, *Hipp-Diät*, 300 g	265	1125	Saure Sahne, s. Sauerrahm		
V Sauerkirsch-Diät-Nektar, *Schneekoppe*, 0,1 l	23	97	F *SB-Sonnenblumen-Margarine*	720	3014
V Sauerkirschen	60	251	E Scampi	82	343
V Sauerkirschen, 500 g Einkauf	266	1113	E Scampi, 1 Schwanz, geschält, 10 g	8	34
Sauerkirschen (Dose)	70	293	E Schabefleisch, Kalb	107	448
V Sauerkirschensaft, »leichter Genuss«, *Granini*, 0,1 l	25	105	E Schabefleisch, Rind	123	515
			Schabziger	210	879
K Sauerkirschkonfitüre, 1 TL	27	113	Schaffleisch, s. a. Lamm		
Sauerkirschkonfitüre mit Fruchtzucker, *Libn*, 1 TL	17	73	F Schaffleisch, fett	381	1595
			E Schaffleisch, mager	199	833
V Sauerkirsch-Sirup, *Vitaborn*, 1 EL	58	243	Schafkäse, 40% i. D.	360	1512
Sauerkirschsüßmost, 0,2 l	120	502	E Schafkäse, Kaschkaval	346	1448
			Schafkäse, Pecorino	368	1540
VB Sauerkraut	25	103	F Schafkäse, Ricotta	396	1658
VB Sauerkraut, *Mildessa*	17	72	Schafmilch, 6%, 0,25 l	250	1047
			Schalotten	40	167
			Schaschlik-Ketchup, *Kraft*, 1 EL	20	84

Nw = Nährwerte: E = viel Eiweiß – bevorzugt essen   F = viel Fett – vorsichtig essen
K = viele Kohlenhydrate – überlegt essen   M = viele Mineralstoffe – bevorzugt essen
V = viele Vitamine – bevorzugt essen   B = Ballaststoffe – gezielt essen

Nw	kcal	kJ	Nw	kcal	kJ
Schaschlik-Sauce, *Nadler*, 1 EL	14	59	E Schinken, gekocht	216	904
Schaschlik-Sauce, *Thomy*, 1 EL	20	84	F Schinken, geräuchert, roh	396	1658
Schattenmorellen *natreen*	36	153	E Schinken, Truthahn-, gekocht	126	527
Schattenmorellen, *Sonnen*	101	423	F Schinkenplockwurst i. D.	502	2101
Schaumwein, s. a. Champagner, Sekt			Schinkenplockwurst Extra, »leicht & lecker«, *Könecke*	302	1264
Schaumwein, Asti Spumante, 0,1 l	82	343	Schinkenröllchen in Aspik, *Homann*, 200 g	664	2780
Schaumwein, Blanc Fussy Brut, 0,1 l	69	289	F Schinkenrotwurst	400	1674
K Schaumzucker	350	1465	Schinken-Schmelzkäse, 45%, 62,5 g	188	787
F *Scheibletten, 45%, Kraft*, 1 Scheibe, 20 g	64	268	F Schinkenspeck	666	2788
			Schinkenwurst, fein	261	1081
Scheibletten, »Kraft leicht«, 1 Scheibe, 20 g	44	184	Schinkenwurst, *Redlefsen*	264	1105
E Schellfisch	80	335	Schinkenwurst, Altdt., *Wiltmann*	231	965
E Schellfisch, 200 g Einkauf	90	377	F Schlackwurst	433	1813
E Schellfisch, geräuchert	102	427	Schlackwurst, *Redlefsen*	356	1489
E Schellfisch, geräuchert, 200 g Einkauf	122	511	F Schlagobers, 1 Portion	140	586
Schichtkäse, 10%	78	327	F Schlagobers, 1 EL	16	67
Schichtkäse, 20%	98	410	F Schlagobers, gesüßt, 1 EL	28	117
F Schichtkäse, Sahne-, 40%	152	636	F Schlagsahne	292	1235
E Schill	93	389	F Schlagsahne, 1 Portion	140	586
E Schill, 200 g Einkauf	97	406	F Schlagsahne, 1 EL	16	67
Schillerlocken	323	1352	F Schlagsahne, gesüßt, 1 EL	28	117
F Schillerlocken in Aspik, *Homann*, 200 g	458	1917	Schleckies, *Storck*	380	1590
			E Schleie	85	356
Schillerlocken in Gelee, *Nadler*	142	594	E Schleie, 500 g Einkauf	170	712
F Schimmelpilzkäse, 50% i. D.	370	1549	*Schlemmer-Filet à la Bordelaise*, Iglo TK, 200 g	340	1420

S

S

Nw	kcal	kJ	Nw	kcal	kJ
Schlemmer-Filet Champignon, Iglo TK, 200 g	330	1380	F Schmelzkäse, 50%, 62,5 g	209	875
KB Schlosserbuben, 1 Stück	125	523	F Schmelzkäse, 60%	340	1423
KB Schlüferli, 1 Stück	95	398	F Schmelzkäse, 60%, 62,5 g	213	892
KB Schlüterbrot	286	1197	F Schmelzkäse, 70%	390	1633
KB Schlüterbrot, 1 Scheibe, 40 g	114	477	F Schmelzkäse, 70%, 62,5 g	244	1021
F Schmalz (Schwein, Gans)	947	3964	E Schmelzkäse, *Champignon, Leicht und schmeckt*	106	449
F Schmalz (Schwein, Gans), 1 EL	135	565	E Schmelzkäse, *»Du darfst«*	180	753
F Schmalzfleisch (Dose)	535	2239	F Schmelzkäseecken, sortiert, *»Du darfst«*	180	756
KF Schmalzgebäck, 1 Stück	200	837	E Schmelzkäsescheiben, *»Du darfst«*	230	960
V Schmalzsalat	16	67	Schnaps, s. einzelne Sorten		
Schmand Kuchen, *Dr. Oetker,* TK, 1 Stück	263	1102	Schnecken	80	335
F Schmant, 24%, 0,1 l	256	1072	E Schnee-Rebhuhn	111	465
KB Schmelzflocken, *Kölln*	354	1501	V Schnittlauch, gehackt, 1 EL	2	8
KB Schmelzflocken, *Kölln,* 1 EL	35	150	V Schnittlauch, *Iglo* TK, 1 Päckchen, 25 g	17	71
E Schmelzkäse, 20%	195	816	Schöpsernes i. D.	320	1340
E Schmelzkäse, 20%, 62,5 g	122	511	*Schokini-Keks, Bahlsen,* 1 Stück	26	111
Schmelzkäse, 30%	210	879	K *Schoko-Fingers, Sionon,* 1 Stück	92	384
Schmelzkäse, 30%, 62,5 g	130	544	Schoko-Gebäck, *Drei Pauly*	478	2001
Schmelzkäse, 40%	260	1088	K Schoko-Keks, Vollmilch, *Sionon,* 1 Stück	68	286
Schmelzkäse, 40%, 62,5 g	163	682			
Schmelzkäse, 45%	282	1180	K Schokolade, alle Sorten, 1 Tafel i. D.	560	2344
Schmelzkäse, 45%, 62,5 g	176	737	K Schokolade, bitter, i. D.	551	2306
Schmelzkäse, 50%	335	1402			

Nw = Nährwerte: E = viel Eiweiß – bevorzugt essen   F = viel Fett – vorsichtig essen
K = viele Kohlenhydrate – überlegt essen   M = viele Mineralstoffe – bevorzugt essen
V = viele Vitamine – bevorzugt essen   B = Ballaststoffe – gezielt essen

S

Nw	kcal	kJ	Nw	kcal	kJ
K Schokolade, gefüllt, i.D.	395	1653	Schokoladenstreusel, *Schwartau*	412	1786
K Schokolade, Marzipan i. D.	510	2135	FK Schokoladen-Torte, BM, *Kraft*, 1 Stück	185	774
K Schokolade, *Milka*, Alpenmilch	539	2253	K Schoko-Leibniz, 1 Stück	27	113
K Schokolade, *Milka*, Haselnuß	556	2324	K Schokolinsen	380	1591
K Schokolade, *Milka*, Sahnecreme	620	2550	Schokolinsen, 4 Stück	24	100
K Schokolade, Nuß	580	2428	FK Schoko-Mandel-Kuchen, BM, *Kraft*, 1 Stück	168	703
K Schokolade, Vollmilch	563	2357	Schoko-Waffelblätter, *Fructusan*	521	2181
K Schokolade, Alpenmilchcreme, Vollmilch, *Nestlé*	535	2230	Schoko-Wafflets, *Schneekoppe*	540	2255
K Schokolade, Diabetiker-, *Schneekoppe* i. D.	514	2129	E Scholle	83	347
			E Scholle, 500 g Einkauf	230	963
K Schokolade mit Joghurtfüllung, *Suchard*, 1 Riegel	226	946	E Schollen-Filets, *Iglo* TK, 250 g	192	816
			Schorle, weiß oder rot, 0,25 l	75	314
K Schokoladen, *Sionon* i. D.	557	2321	Schüblig, St. Galler, 1 Stück, 105 g	306	1281
K Schokoladen, gefüllte, *Sionon* i. D.	560	2325	KB Schüttelbrot, *granoVita*	355	1486
K Schokolade, Vollmilch-Nuß, Diabetiker, *Schneekoppe*	522	2163	Schüttelshake, *Bärenmarke*, 1 Packung i. D.	170	712
K Schokolade, weiße, *Nestlé*	540	2295	K Schupfnudeln, schwäbisch, *bofrost** TK	151	641
Schokoladen-Dessert *Galetta*, *Dr. Oetker*, 1 Portion	116	492	Schwämme (Pilze) s. a. einzelne Sorten		
K Schokoladengebäck, *Schneekoppe*	500	2095	Schwämme (Pilze), getrocknet, 10 g	27	113
Schokoladen-Pudding, 1 Portion	163	682	Schwammerl i. D.	30	126
Schokoladenpulver, *Sarotti*, *natreen*, 1 TL	25	95	F Schwartenmagen i.D.	299	1252
Schokoladen-Soßenpulver, *Dr. Oetker*, 50 g	53	225	Schwarze-Pfeffer-Sauce, *Thomy*, 1 EL	20	85
			F Schwarzgeräuchertes i. D.	396	1658

S

Nw	kcal	kJ
Schwarzwälder-kirsch-Sahne, TK, *Dr. Oetker*	337	1428
M Schwarzwurzel-gemüse, *Rademann*	74	310
MV Schwarzwurzeln	78	326
MV Schwarzwurzeln, 1000 g Einkauf	436	1825
M Schwarzwurzeln (Dose)	74	310
E *Schwedenmilch, Heirler*, 0,25 l	160	670
Schweden-Salat, Homann, 180 g	440	1842
Schwedensalat, *Nadler*	284	1189
Schwein süß-sauer, *Iglo*, TK, 350 g	449	1897
F Schweinebacke	663	2775
F Schweinebauch	450	1884
Schweinebraten fix, Knorr	180	750
Schweinebraten mit Semmelknödel, *Hipp Leicht-Menü*, 300 g	281	1195
Schweinebratensoße, *Maggi*, 60 ml	25	100
E Schweinefilet	176	737
Schweinefleisch, Bug, Schulter	250	1047
Schweinefleisch, Bug, Schulter, 1000 g Einkauf	2120	8874
F Schweinefleisch, Flomen (Bauchfett)	902	3776
Schweinefleisch, Halsgrat, Kamm	308	1289
Schweinefleisch, Halsgrat, Kamm, 1000 g Einkauf	2495	10444

Nw	kcal	kJ
Schweinefleisch, Schlegel, Keule	292	1222
Schweinefleisch, Schlegel, Keule, 1000 g Einkauf	2628	11001
Schweinegeschnetzeltes, »Du darfst«, 1 Portion	320	1357
Schweinegeschnetzeltes, Feines, *Hipp Leicht-Menü*, 300 g	278	1180
F Schweinehaxe, hintere	314	1314
Schweinehaxe, hintere, 1000 g Einkauf	2400	10046
Schweinehaxe, vordere	271	1134
Schweinehaxe, vordere, 1000 g Einkauf	1800	7535
Schweineherz	120	502
Schweinehirn	132	553
F Schweinekopf	527	2206
F Schweinekopf, 1000 g Einkauf	3426	14341
F Schweinekotelett, fett	358	1499
Schweinekotelett, mager	258	1080
V Schweineleber	147	615
Schweinelunge	123	515
Schweineniere	125	523
Schweinepastete, *Wiltmann*	131	548
F Schweineschmalz	947	3964
F Schweineschmalz, 1 EL	142	594
E Schweineschnitzel	195	816
F Schweineschwarten, geräuchert	563	2357
Schweinssülze	200	840
Schweinezunge	240	1005

Nw = Nährwerte: E = viel Eiweiß – bevorzugt essen   F = viel Fett – vorsichtig essen
K = viele Kohlenhydrate – überlegt essen   M = viele Mineralstoffe – bevorzugt essen
V = viele Vitamine – bevorzugt essen   B = Ballaststoffe – gezielt essen

Nw		kcal	kJ	Nw		kcal	kJ
S	Schweinswürstchen, 1 Paar, 70 g	255	1067		Sekt, trocken, 0,1 l	74	310
	Schweizer Käsesuppe				Selchkarré	260	1088
	mit Croutons,			F	Selchspeck	858	3592
	Heisse Tasse Unox,			MV	Sellerie (Knolle)	40	167
	150 ml	84	357	MV	Sellerie (Knolle),		
E	Schwertfisch	127	532		1000 g Einkauf	292	1222
E	Schweser	108	452	MV	Sellerie (Staude)	21	88
	Scotch Whisky,			MV	Sellerie (Staude),		
	40%, 4 cl	100	419		500 g Einkauf	66	276
KB	*6-Korn-Flocken*,				Sellerie (Dose)	31	130
	Steinmetz	340	1423		Selleriesalat, *Kühne*	36	151
	Seeaal, geräuchert	182	762	KB	Semmel, 1 Stück	136	569
E	Seehecht	84	352	KB	Semmelbrösel	352	1473
E	Seelachs	81	344	KB	Semmelbrösel, 1 EL	35	146
E	Seelachs, 200 g			KB	Semmeli, 1 Stück,		
	Einkauf	114	477		60 g	172	720
E	Seelachs, geräuchert	108	452		Semmelknödel,		
E	Seelachs, geräuchert,				s. Knödel		
	200 g Einkauf	177	741		Senf, Delikateß-,		
	Seelachs in Öl,				*Thomy*, 1 TL	10	40
	abgetropft	162	678		Senf, scharf, *Thomy*,		
E	Seelachsfilet, TK,				1 TL	15	60
	1 Stück, 100 g	80	335		Senf, Weißwurst-,		
	Seelachsfilet in				*Thomy*, 1 TL	10	50
	Champignonsoße,				Senffrüchte, 1 EL	29	121
	Homann, 300 g	249	1042		Senf-Früchte	263	1108
	Seelachs-Filet in				Senfgurken	24	100
	Kräuter-Creme-				Senfsamen	544	2277
	soße, *»Mein Leib-				Serbische Bohnen-		
	gericht«, Iglo* TK	96	402		suppe, *Knorr*,		
	Seelachssalat, *Schlem-				1 Tasse	65	275
	mer-, Homann*, 150 g	563	2357		*Serbische Bohnen-*		
	Seeteufel	72	301		Terrine, *Sonnen*,		
	Seeteufel, 200 g				425 g	394	1649
	Einkauf	104	435		Serbischer Salat,		
	Seewolf	96	402		*Nadler*	170	712
E	Seezunge	90	377		Serbisches Reis-		
E	Seezunge, 500 g				fleisch, *Hipp-Diät*,		
	Einkauf	325	1360		300 g	264	1119
	Sekt, halbtrocken,			B	*Sesam-Knabber-		
	0,1 l	80	335		Krokant, Flügge*	455	1905
	Sekt, süß, 0,1 l	85	356	KB	Sesam-Knäcke-Brot,		
					1 Scheibe	40	170

S

Nw		kcal	kJ
KB	Sesam-Mix mit Honig, granoVita	576	2411
F	Sesamöl, 100 ml	820	3360
F	Sesamöl, 1 EL	83	347
F	Sesamsamen, 1 EL	90	377
	Sharonfrucht	88	368
	Sherry cream, 5 cl	77	322
	Sherry dry, 5 cl	58	243
	Sherry medium, 5 cl	65	272
	Sherry Tio Pepe Fino, 5 cl	49	205
	Shii-Take-Pilz	40	167
E	Shrimps, ausgelöst	105	440
	Side Car, 6 cl	130	544
	Silberzwiebeln	23	98
KB	Simonsbrot	248	1038
KB	Simonsbrot, 1 Scheibe, 40 g	100	419
K	Sirup, 1 EL	58	243
KB	Slaenk-Brot	217	908
KB	Slaenk-Brot, 1 Scheibe, 30 g	65	272
KB	Slaenk-Toast	247	1034
KB	Slaenk-Toast, 1 Scheibe, 25 g	62	260
	Slibovitz, 38%, 2 cl	60	251
KB	Smacks, Kellogg's, 30 g	114	487
K	Smarties, 10 Stück	60	251
	Smorre, Wasa, 1 Scheibe	39	166
	Snackburger, Homann, 1 Schale, 300 g	423	1771
	Snickers, 1 kl. Riegel, 18 g	93	389
K	Snickers, 1 Riegel, 60 g	310	1290
	Snickers-Eiscreme, 60 ml	220	921
	Sodawasser	0	0
E	Sojabohnen (Dose), Hensels	100	419

Nw		kcal	kJ
EB	Sojabohnen, getrocknet	382	1599
	Sojabohnensprossen	26	104
	Sojabohnensprossen (Dose)	35	146
E	Soja-Brätlinge, Naturana	480	2009
KB	Sojabrot, Bösen	245	1026
KB	Sojabrot, Bösen, 1 Scheibe, 40 g	98	410
	Sojacrème, neutral, Nuxo	51	213
E	Sojaflocken	469	1963
E	Sojaflocken, 1 EL	47	197
	Soja Frucht-Riegel, Multifrucht, Schoeller TK, 1 Stück = 50 g	150	628
	Soja Frucht-Riegel, Sanddorn, Schoeller TK, 1 Stück = 50 g	168	703
E	Soja-Gulasch, granoVita, 1 Portion, 200 g	246	1030
E	Soja-Gulasch, Vegetables, Tartex	97	406
E	Sojakäse	76	318
E	Sojamalt, Hensels	395	1653
E	Sojamehl	469	1963
E	Sojamehl, 1 EL	70	293
E	Sojamehl, entfettet	362	1515
E	Sojamehl, entfettet, 1 EL	55	230
	Sojamilch, 0,1 l	36	151
F	Sojaöl, 100 ml	820	3360
F	Sojaöl, 1 EL	83	347
E	Sojapflanzenfleisch, Hensels	205	858
	Sojasoße, salzig, 1 EL	10	42
	Sojasoße, süß, 1 EL	20	84

Nw = Nährwerte: E = viel Eiweiß – bevorzugt essen   F = viel Fett – vorsichtig essen
K = viele Kohlenhydrate – überlegt essen   M = viele Mineralstoffe – bevorzugt essen
V = viele Vitamine – bevorzugt essen   B = Ballaststoffe – gezielt essen

Nw		kcal	kJ	Nw		kcal	kJ
S	Sojasprossen-Salat, *granoVita*	222	929	K	Spaghetti mit Fleisch-klößchen, *Sonnen*, 1 Dose, 580 g	515	2156
E	Soja-Wienerle, *granoVita*	371	1553		Spaghetti *Napoli-fix*, *Maggi*, 1 Beutel	190	285
E	Soja-Würstchen, *granoVita*	208	871		Spaghetti, roh	390	1632
	Sommerquark, *Elite*, Magerstufe, 200 g	210	879		Spaghettisoße, 1 EL	20	84
				MV	Spargel	26	109
KB	Sonnenblumenbrot, *Bösen*	258	1080	MV	Spargel, 500 g Einkauf	96	402
KB	Sonnenblumenbrot, *Bösen*, 1 Scheibe, 40 g	103	431	MV	Spargel (Dose)	19	80
					Spargelcremesuppe, *Alevita*, 1 Teller	170	700
F	Sonnenblumenkerne	524	2193		Spargelcreme-Suppe, *Knorr*, 1 Teller	173	724
F	Sonnenblumenkerne, 1 EL, 15 g	80	335		Spargelsuppe (Beu-tel), 1 Teller i. D.	60	251
F	Sonnenblumenöl, 100 ml	820	3360		Spargelsuppe, *Knorr*, 1 Beutel	225	960
F	Sonnenblumenöl, 1 EL	83	347		Spargelsuppe (Dose), 1 Teller i. D.	110	460
	Sonntagsbrötchen, BM, *Kraft*, *Knack & Back*, 1 Stück	122	511		*Spaten*, alkoholfrei, 0,5 l	125	523
				KB	*Special K*, *Kellogg's*, 1 Portion, 40 g	150	636
	Soßen, Instant, *Dr. Oetker*, 100 g i. D.	94	400	F	Speck, durchwachsen	658	2754
				F	Speck, fett	858	3592
	Soßenbinder, *Maggi* (Pulver), 1 Beutel	20	75		Speisequark, mager, *natreen*	73	304
	Soßenpulver ohne Kochen, *Dr. Oetker*, 50 g	50	215	K	Speisestärke	353	1478
				K	Speisestärke, 1 TL	18	75
	Southern-Fries, *McCain*	220	922	K	Spekulatius	495	2072
					Spekulatius mit Fruchtzucker, *Drei Pauly*, 1 Stück	27	113
	Spaghetti Bolognese, *Hipp Leicht-Menü*, 300 g	287	1215		Spiegelei auf Rahm-spinat und Salz-kartoffeln, *Diäko*	254	1072
	Spaghetti »Carbo-nara«, *Erasco*, 1 Portion	464	1947	MV	Spinat	27	113
				MV	Spinat, 1000 g Einkauf	240	1005
	Spaghetti Funghi, *Hipp Leicht-Menü*, 300 g	265	1125	MV	Spinat, Junger, *Iglo*, TK, 150 g	24	102

S

Nw	kcal	kJ
MV Spinatsaft, 0,1 l	13	54
V Spitzkohl	25	105
V Spitzkohl, 1000 g Einkauf	193	808
Sport-Cola, *Vorlo*, 0,2 l	80	335
Sport Energie-Riegel, *Hipp*, 1 Stück	150	628
Sport Mineral-Müesli, *Hipp*	407	1704
Sport VitaMineral-Riegel, *Hipp*, 1 Stück	130	544
Sport Vollkorn-Müesli, *Hipp*	388	1624
Spritzgebäck, *Sionon*, 1 Stück	40	166
F Sprotten	231	967
F Sprotten, geräuchert	260	1088
Sprühsahne, *natreen*	183	758
Squash	56	234
V Stachelbeeren	40	167
K Stärkemehl	360	1507
K Stärkemehl, 1 TL	18	75
E Stangenkäse, 10%	192	804
Starkbier, 0,5 l	327	1369
K Staubzucker	350	1465
K Staubzucker, 1 EL	70	293
K Staubzucker, 1 TL	20	84
V Staudensellerie	21	88
V Staudensellerie, 500 g Einkauf	66	276
Steaklets, Western Art, Iglo TK, 75 g	118	715
Steckrüben	46	192
Steckrüben, 1000 g Einkauf	381	1595
E Steinbeißer	96	402
E Steinbeißer, geräuchert	135	565

Nw	kcal	kJ
E Steinbeißer, geräuchert, 200 g Einkauf	218	913
Steinbuscherkäse, 45%	361	1511
E Steinbutt	90	377
E Steinbutt, 500 g Einkauf	205	858
Steiner Light, 0,5 l	120	502
Steinköhler	81	344
KB *Steinmetzbrot*	254	1063
KB *Steinmetzbrot*, 1 Scheibe, 40 g	102	427
E Steinpilze	34	142
E Steinpilze, 500 g Einkauf	135	565
E Steinpilze, getrocknet, 10 g	28	117
Steinpilz-Hefebrühe, *Vitam*, 1 Teller	35	146
E Stelzen	107	448
Sternchensuppe, *Knorr*, 1 Beutel	280	1180
V Stielmus	11	46
E Stockfisch	372	1557
E Stockfisch, 1000 g Einkauf	2380	9963
Straßburger Salat, *Nadler*	280	1172
Streichfein, Brotaufstriche, *Heirler* i. D.	267	1118
Streusel-Teig, BM, *Dr. Oetker*	346	1470
Streusüße, *Canderel*, 1 TL	2	8,5
Streuwürze,½ TL	3	13
KB Studentenfutter, 50 g	240	1005
F Stuttgarter Leberkäs	368	1540
Suchard Express, Kaba	355	1484

Nw = Nährwerte: E = viel Eiweiß – bevorzugt essen F = viel Fett – vorsichtig essen
K = viele Kohlenhydrate – überlegt essen M = viele Mineralstoffe – bevorzugt essen
V = viele Vitamine – bevorzugt essen B = Ballaststoffe – gezielt essen

Nw		kcal	kJ
S	Südwein, s. a. einzelne Sorten		
	Südwein, 5 cl. i. D.	70	293
	Sülzkotelett, *Redlefsen*	86	360
	Sülzwurst i. D.	322	1348
	Süsette (Cyclamat)	0	0
V	Süßmost, s. a. einzelne Sorten		
	Süßmost, 0,2 l i. D.	160	670
	Sugo, Vegetabiles, *Tartex*	124	519
K	Sukkade	276	1155
KB	Sultaninen	296	1239
KB	Sultaninen, 1 EL	28	109
	Suppen, s. a. einzelne Sorten		
	Suppen, gebunden (Beutel), 1 Teller i. D.	70	293
	Suppen, gebunden (Dose), 1 Tasse i. D.	70	293
	Suppen, kalo-arm, 1 Teller i. D.	40	167
	Suppen, klare (Dose), 1 Tasse i. D.	50	209
	Suppen-Drink, Hühnersuppe mit Nudeln, *Maggi*, 0,25 l	25	100
	Suppen-Drink, Rindfleischsuppe mit Croutons, *Maggi*, 0,25 l	35	145
	Suppen-Drink, Tomatensuppe, *Maggi*, 0,25 l	65	285
	Suppengemüse, *Iglo*, 450 g	108	459
V	Suppengrün, 1 Bund i. D.	50	209
	Suppenhuhn	274	1147
	Suppenhuhn, 1000 g Einkauf	2000	8372

Nw		kcal	kJ
	Suppenwürze, *Cenovis*, 1 EL	9	38
	Surelli, Migros, 0,2 l	36	151
F	Surspeck	450	1884
	Szegediner Gulasch, *Hipp-Diät*, 300 g	267	1118
T			
	Tabasco	0	0
FK	Taccos, *Chio Chips*	500	2093
M	Tafeltrauben	72	301
	Tafelwasser	0	0
	Tagliatelle in Sahnesoße, *Dr. Oetker* TK, 1 Packung	627	2652
F	Talg, Hammel-	789	3314
F	Talg, Rinder-	920	3851
V	Tamarillo	50	209
V	Tamarillo, 1 Stück, 80 g	40	167
KB	Tamarinde	236	988
MV	Tangerinen	48	201
MV	Tangerine, 1 Stück, 50 g	20	84
MV	Tangerine, 500 g Einkauf	195	816
K	Tapioka	366	1532
K	Tapioka, 1 EL	54	226
F	*Tartare*, Käse	391	1637
E	Tatar	126	527
E	Taube	102	427
E	Taube, 1 Stück, 250 g	130	544
	Tee	0	0
	Teegrog, 0,2 l	240	1005
	Teelikör, 35%, 2 cl	52	218
	Teepunsch, 0,2 l	240	1005
F	Teewurst i. D.	372	1558
	Teewurst, »Du darfst«	305	1280

Nw	kcal	kJ	Nw	kcal	kJ
K Teigwaren, gekocht (= 30 g roh)	117	490	F *Toast-Scheibletten, 45%, Kraft*, 1 Stück, 20 g	64	268
K Teigwaren, roh	390	1632	Toblerone, 1 Dreieck	45	180
Tequila, 40%, 2 cl	48	201	K Toffee, 1 Stück	25	105
Tequila Silla, 38%, *Riemerschmid*, 100 ml	210	871	K *Toffifee*, 1 Stück	44	184
Teufelssalat, Homann, 1 Becher, 180 g	227	950	V Tofu	81	339
Thomasbräu, alkoholfrei, 0,5 l	135	564	Tokaji Aszu, 3buttig, 5 cl	62	260
F Thüringer Blutwurst	425	1779	Tokaji Aszu, 4buttig, 5 cl	85	356
Thüringer Rotwurst, kalo-arm, *Rademann*	128	536	Tokayer, 5 cl	80	335
E Thunfisch, frisch	242	1013	F *Tolko*, Ananas Kranz	353	1480
E Thunfisch, naturell, *Abba's*, Dose, 150 g	125	523	F *Tolko*, Knoblauch Kranz	340	1420
Thunfisch in Öl	304	1273	F *Tolko*, Kokos	353	1480
Thunfisch in Öl, abgetropft	250	1047	F *Tolko*, Krabben	331	1385
Thunfischsalat »Du darfst«	182	770	F *Tolko*, Paprika Kranz	321	1340
Thunfischsalat, *Nadler*	367	1536	F *Tolko*, Rum Kranz	404	1690
Thymian	0	0	MV Tomate	21	88
Tic Tac, 1 Stück	2	8	MV Tomate, 1 Stück, 50 g	11	46
E Tiefseehummer	89	373	MV Tomate, 1000 g Einkauf	199	833
E Tilsiter, 20%	253	1059	M Tomaten (Dose)	21	88
Tilsiter, 30%	285	1193	Tomaten passiert	24	102
Tilsiter, 45%	372	1557	Tomatencremesuppe (Päckchen), *Maggi*, 0,25 l	75	310
E Tintenfisch	79	331	Tomatenketchup	120	502
Tiroler-Cake, Migros, 1 Scheibe, 25 g	122	511	Tomatenketchup, 1 EL i. D.	30	126
Toastbrot, s. a. einzelne Sorten			Tomaten-Ketchup, *Thomy*, 1 EL	20	90
K Toastbrot	250	1047	Tomatenmark, 1 EL	23	96
K Toastbrot, 1 Scheibe, 30 g	75	314	Tomatenmark, *Thomy*, 1 EL	40	170
			Tomaten-Nudeltopf, *Erasco*, 1 Portion	207	873
			Tomatenpaprika	31	130

Nw = Nährwerte: E = viel Eiweiß – bevorzugt essen   F = viel Fett – vorsichtig essen
K = viele Kohlenhydrate – überlegt essen   M = viele Mineralstoffe – bevorzugt essen
V = viele Vitamine – bevorzugt essen   B = Ballaststoffe – gezielt essen

Nw	kcal	kJ	Nw	kcal	kJ
Tomatenpaprika (Glas)	25	105	Topinambur	79	331
V Tomatensaft, 0,1 l i. D.	21	88	Top Lemon, *Aproz*, 0,2 l	90	377
Tomatensauce Napoli, *Knorr*, 250 ml	145	620	*Toppas, Kellogg's*	380	1600
Tomatensoße, gebunden, 1 EL	13	54	V Torfbeeren	48	201
Tomaten-Spread, *Vitam*, 1 EL	25	105	Torfbeeren, 500 g Einkauf	221	925
Tomatensuppe (Beutel), 1 Teller	71	297	Tortelett, 1 Stück, 25 g	125	523
Tomatensuppe (Dose), 1 Tasse	75	314	Tortelett mit Fruchtzucker, *Drei Pauly*, 1 Stück	100	419
Tomatensuppe, *Rustikale, Erasco*	35	148	Tortellini, »*Du darfst*«, 1 Portion	345	1460
Tomaten-Suppe *Toscana, Knorr*, 1 Teller	92	390	Tortellini in Sahnesauce, *bofrost**	248	1034
Tomato al Gusto mit Champignons, *Knorr*, 1 Packung	146	615	Tortellini in Sahne-Sauce, *Dr. Oetker* TK, 250 g	701	2968
Tomato al Gusto mit Kräutern, *Knorr*, 1 Packung	119	505	Tortellini Provencale, *Maggi »du Chef«*, 350 g	515	2165
Tomato al Gusto mit Zwiebeln-Knoblauch, *Knorr*, 1 Packung	119	505	F Tortencreme, zubereitet, *Dr. Oetker*, 150 g	530	2250
Tom Collins (5 cl Gin), 0,25 l	195	816	K Tortenguß mit Zucker und Wasser für 1 Torte	200	837
Tonic Water, *Schweppes*, 0,2 l	143	599	K Torten-Hilfe (Quark-Sahne-Torte), *Dr. Oetker*, 225 g	668	3796
Tonic Water, *Schweppes light*, 0,2 l	4	17	K Tourist, Schokolade	531	2223
Top Energie, Dextrosegetränk, 200 ml	115	481	Tragant, 10 g	3	13
E Topfen, mager	78	327	E Trappistenkäse, 20%	265	1109
E Topfen, mager, 1 EL	23	96	Trappistenkäse, 40%	385	1612
E Topfen, 20%	116	486	V Traubensaft, *Donath*, 100 ml	67	285
E Topfen, 20%, 1 EL	35	147	MV Traubensaft, frisch gepreßt, 0,2 l	138	578
F Topfen, 40%	167	699	MV Traubensaft, rot und weiß, 0,2 l	142	636
F Topfen, 40%, 1 EL	50	209	K Traubenzucker, 1 EL	40	167

T

Nw	kcal	kJ
K Traubenzucker, 1 Täfelchen, 5 g	20	84
Traumduett, Sionon, 1 Stück	46	190
Treets Selection, Haselnuß, 1 Packung, 150 g	807	3378
Treets, Selection, Mandel, 1 Packung, 150 g	779	3261
K *Tresella*, Schokoladestengel, *Migros*, 1 Stück, 50 g	292	1222
V *Trink 10* – Multivitaminsaft, *Dr. Koch's*, 0,1 l	54	226
Trinkbranntwein, 39%, 2 cl i. D.	40	167
Trinkmilch, 3,5%, 0,25 l	165	691
Trinkmolke Dry, *Heirler*, 0,2 l	48	201
Tri-Top, trinkfertig, 0,2 l	80	335
Trockenbeerenauslese, 0,1 l i. D.	126	529
F Trockeneigelb	714	2989
E Trockeneiweiß	379	586
Trockenhefe	343	1436
Trockenhefe, 7 g	25	105
Trockenkartoffeln	360	1507
E TrockenmagermilchPulver, 1 EL	37	155
Trockenobst, s. einzelne Sorten		
B Trockenpflaumen, kalifornische, entkernt	257	1076
B Trockenpflaumen, entkernt, 1 Stück	25	105

Nw	kcal	kJ
E Trockenrogen (Dorsch)	118	494
F Trockenvollei	613	2566
TrockenvollmilchPulver, 1 EL	50	209
E Trüffel	56	234
Trüffelkonfekt, 1 Stück	70	293
Truthahn, s. a. Pute		
E Truthahn	163	682
E Truthahn, 1000 g Einkauf	1197	5011
Truthahn in Currysoße, *Hipp LeichtMenü*, 300 g	316	1340
Truthahn-Bierschinken, *Höhenrainer*	135	567
Truthahn-Bratwurst, *Höhenrainer*	281	940
E Truthahnbrust, geräuchert	123	515
Truthahnbrust, zart geräuchert, *Höhenrainer*	121	508
Truthahn-Cordon bleu, *Schloß Stetten*	223	931
Truthahn-Fleischaspik, *Höhenrainer*	78	327
E Truthahnfleisch in Aspik, *Gutfried* i. D.	102	427
Truthahn-Fleischkäse, *Gutfried*	200	837
Truthahn-Fleischkäse, *Höhenrainer*	255	1071
E Truthahn-Frikadelle, Schloß Stetten	220	920
Truthahn-Gewürzrotwurst, *Höhenrainer*	130	546

Nw = Nährwerte: E = viel Eiweiß – bevorzugt essen   F = viel Fett – vorsichtig essen
K = viele Kohlenhydrate – überlegt essen   M = viele Mineralstoffe – bevorzugt essen
V = viele Vitamine – bevorzugt essen   B = Ballaststoffe – gezielt essen

Nw	kcal	kJ	Nw	kcal	kJ
T			**U**		
Truthahn-Knacker, *Höhenrainer*	228	957			
Truthahn-Krakauer i. D.	249	1042			
Truthahn-Krakauer, *Höhenrainer*	135	567	KF Überguß	560	2344
Truthahn-Leberkäs, *Höhenrainer*	150	620	V Ugli	40	167
E Truthahn-Leber *Schloß Stetten*	118	495	V Ugli, 1 Stück, 200 g	65	272
			Underberg, 44%, 2 cl	49	205
Truthahn-Leberwurst, *Höhenrainer*	336	1386	Ungarischer Salat, *Nadler*	320	1340
Truthahnoberkeule, geräuchert, *Höhenrainer*	124	508	**V**		
Truthahn-Oberkeulen-Rollbraten, *Schloß Stetten*	195	816	*Vademecum Gum*, 1 Stück	3	13
E Truthahn-Pastete, *Gutfried*	169	707	Valpolicella, 0,25 l i. D.	175	733
E Truthahnsalat, *Diäko*	151	641	Vanille Creme, *Ehrmann*, 500 g	710	2970
Truthahn-Schinkenaspik, *Höhenrainer*	78	327	Vanille-Dessert, *natreen* 1 Becher, 125 g	65	274
Truthahnschnitzel *Schloß Stetten*	108	452	Vanillepudding, 1 Portion	150	628
Truthahnunterkeule, *Höhenrainer*	124	537	K Vanillezucker, 1 Päckchen	32	134
Truthahn-Weißwurst, *Höhenrainer*	224	940	E Vegetabile Brotaufstriche, 25 g i. D.	60	251
K Tuc, *DeBeukelaer*	530	2120	E Vegetarische Spießchen mit Sauce, *Tartex*	102	427
K Tuc, *De Beukelaer*, 1 Stück	23	96			
K Türkischer Honig	385	1612	K Veilchen-Pastillen, 5 Stück	13	54
K Türkischer Honig mit Nuß	445	1863	*Velamint* ohne Zucker, 1 Stück	9	38
E TVP (Textured Vegetable Proteine), geweicht	100	419	Veltliner, Grüner, 0,25 l	154	645
Twix, 1 Doppelriegel, 58 g	285	1193	E Velveta, 20%, 62,5 g	113	473
Tzatziki-Sauce, *Kühne*, 1 EL	60	251	E Velveta, 30%, 62,5 g	125	523
			F Velveta, 50%, 62,5 g	191	800

Nw		kcal	kJ
KB	*Viele-Früchte-Müsli,*		
	Kellogg's, 1 Portion,		
	40 g	134	567
KB	4-Korn-Fertigmehl,		
	Steinmetz	340	1423
	Vin de Pays, rot,		
	0,25 l i. D.	190	795
	Vin de Pays, weiß,		
	0,25 l i. D.	160	672
V	*Vitaborn C,* 0,1 l	54	226
F	*Vitagen,* Vollreform,		
	Pflanzenfett	900	3767
F	*Vitagen,* Vollreform,		
	Pflanzenfett, 1 EL	135	565
	Vitalzin, Migros, 2 TL	42	176
MV	*Vitam-R*-Hefeextrakt	214	907
MV	*Vitam R* – klare		
	Hefebrühe	273	1110
B	*Vitanova*-Brot für		
	Diabetiker, *Studt*	273	1110
F	*Vitaquell*	720	3014
	Vitaquell, Halbkalorie	370	1549
F	*Vitaquell*-Distelöl,		
	100 ml	820	3360
F	*Vitaquell*-Distelöl,		
	1 EL	83	347
F	*Vitaquell 60,* Vollöl-		
	Margarine	720	2860
F	*Vitaquell 60,* Vollöl-		
	Margarine, 1 EL	108	444
F	*Vitaquell,* Sonnen-		
	blumenöl, 100 ml	820	3360
F	*Vitaquell,* Sonnen-		
	blumenöl, 1 EL	83	347
F	*Vitazell,* Diät-		
	Margarine	720	2960
F	*Vitazell,* Diät-		
	Margarine, 1 EL	108	444
	Vivil, 5 Stück	10	40
MV	Vogerlsalat	21	88

Nw		kcal	kJ	
K	Vollkorn-Baguette,			V
	Schinken-Salami,			
	»Bistro«, Iglo TK,			
	1 Stück	309	1293	
KB	Vollkornbiskuits,			
	Gerste-Malz, *Migros*	480	2009	
KB	Vollkornbiskuits,			
	Sesam-Nuß, *Migros*	521	2181	
	Vollkornblätterteig,			
	Iglo TK	455	1905	
	Vollkorn-Brötchen,			
	Knack & Back, Kraft,			
	1 Stück	64	268	
B	Vollkorn-Butterkeks,			
	Schneekoppe	417	1756	
KB	Vollkornbrot	239	1000	
KB	Vollkornbrot,			
	1 Scheibe, 40 g	96	402	
KB	Vollkorn-Früchte-			
	brot, *Studt*	255	1067	
KB	Vollkorn-Hafer-			
	flocken, *Knorr*	350	1480	
KB	Vollkorn-Knäcke-			
	brot, *Alevita,*			
	1 Scheibe	30	126	
KB	Vollkorn-Knäckebrot,			
	Wasa, 1 Scheibe	38	164	
	Vollkornkuchen,			
	fruchtig, BM *Kraft,*			
	1 Stück	146	611	
KB	Vollkornnudeln,			
	Frisch-Ei-, *Birkel,*			
	gekocht (30 g roh)	129	540	
KB	Vollkornnudeln,			
	Frisch-Ei-, *Birkel,*			
	roh (= 30 g gekocht)	430	1800	
B	Vollkornreis-Snack,			
	Schneekoppe	379	1607	
KB	Vollkornschrot,			
	Roggen-, *Studt*	338	1415	

Nw = Nährwerte: **E** = viel Eiweiß – bevorzugt essen   **F** = viel Fett – vorsichtig essen
K = viele Kohlenhydrate – überlegt essen   **M** = viele Mineralstoffe – bevorzugt essen
V = viele Vitamine – bevorzugt essen   **B** = Ballaststoffe – gezielt essen

Nw		kcal	kJ
V	B Vollkornsemmel-Knödel, *Pfanni*, 1 Portion	293	1246
	KB Vollkorntoast, *Bösen*	295	1235
	KB Vollkorntoast, *Bösen*, 1 Scheibe, 30 g	89	373
	B Vollkorn-Waffeln, *Sionon*, 1 Stück	33	137
	Vollmilch, 3,5%, 0,25 l	165	691
	F Vollrahm, 35%, 0,1 l	330	1381
	F Vollrahm, 35%, 1 EL	43	179
	B *Vollweizen-Gel*, *Dr. Kousa*, 1 Tagesration = 5 Portionen	1105	4626
	Vollwertreis, Honig/Zimt, *Schoeller*	162	678
	Vollwertreis, Sanddorn, *Schoeller*	198	828
	Vorzugsmilch, 4%, 0,25 l	170	712

W

Nw		kcal	kJ
	Wacholderschnaps, 32%, 2 cl	42	176
V	Wachsbohnen	27	113
	Wachsbohnen (Dose)	22	92
E	Wachtel	103	431
E	Wachtel, 1 Stück, 100 g i. D.	50	209
	Wackelix-Fruchtpudding, *Elite*, 1 Becher, 125 g	75	314
	Wackelpeter, 1 Portion, 125 g	80	335
K	Waffeletten, *Bahlsen*, 1 Packung, 75 g	386	1650
E	Waffelmischung i. D.	495	2072

Nw		kcal	kJ
	Waffelröllchen, *Sionon*, 1 Stück	19	79
	Waffeltüte, 1 Stück	40	167
	Waldhonig	305	1277
	Waldhonig, 1 TL	30	126
	Waldorfsalat, »Du darfst«	125	535
	Waldorf-Salat, *Nadler*	246	1030
E	Walfleisch	134	561
FE	Waller	175	733
FE	Waller, 200 g Einkauf	209	875
F	Walliser Raclettekäse, 52%	401	1679
KB	Walliser Roggenbrot	222	929
FB	Walnüsse	705	2951
FB	Walnüsse, 500 g Einkauf	1516	6346
FB	Walnüsse, 8 Kerne	105	439
FB	Walnüsse, kalifornische	670	2805
FK	Walnüsse, karamelisiert	456	1909
F	Walnußöl, 100 ml	820	3360
F	Walnußöl, 1 EL	83	347
F	Wammerl	658	2754
	Wasserkastanien	75	314
	Wassermelone	24	100
F	Wassermelonenkerne	580	2428
K	Weggli, 1 Stück, 60 g	191	800
K	Weichselkonfitüre, 1 TL	27	113
	Weichselkonfitüre, kalo-arm, 1 TL	14	59
MV	Weichseln	60	251
MV	Weichseln, 500 g Einkauf	266	1113
	Weichseln (Dose)	70	293
	Wein, s. einzelne Sorten: Dessertwein, Diabetikerwein, Roséwein, Rotwein, Weißwein		

W

Nw	kcal	kJ	Nw	kcal	kJ
KB Weinbeeren, getrocknet	296	1239	Weißwein, dt., Beerenauslese, 0,25 l i. D.	233	976
E Weinbergschnecken	67	282	K Weißwein, deutsch, Eiswein, 0,25 l i. D.	320	1340
Weinbergschnecken-suppe, *Jensen's*, 1 Tasse	60	251	Weißwein, deutsch, halbtrocken, 0,25 l i. D.	183	766
Weinbrand, 38%, 2 cl	49	205	Weißwein, deutsch, Mittelrhein, Riesling, trocken, 0,25 l	142	594
K Weinbrandbohnen, 1 Stück	50	209	Weißwein, deutsch, Mosel/Saar, Riesling, trocken, 0,25 l	125	523
K Weinbrandkirschen, 1 Stück	60	251	Weißwein, deutsch, Rheinpfalz, Riesling, 0,25 l	189	791
Weinessig, 1 EL	4	17	Weißwein, deutsch, Spätlese, 0,25 l	188	787
K Weingummi, 5 Stück, ca.	70	293	Weißwein, deutsch, trocken, 0,25 l i. D.	150	630
V Weinkraut, *Mildessa*	17	72	Weißwein, franz., Burgund, 0,25 l i. D.	164	687
Weinschorle, rot oder weiß, 0,25 l	75	314	Weißwein, franz., Elsaß, 0,25 l i. D.	170	714
V Weintrauben	72	301	Weißwein, franz., Sauternes, 0,25 l	200	837
V Weintrauben, 1000 g Einkauf	691	2893	Weißwein, ital., Chardonnay, 0,25 l	175	733
Weißbier, 0,5 l	200	837	Weißwein, ital., Frascati, 0,25 l	165	691
K Weißbrötchen, 1 Stück, 50 g	136	569	Weißwein, ital., Pinot grigio, 0,25 l	153	640
K Weißbrot	260	1088	Weißwein, ital., Soave, 0,25 l	160	670
K Weißbrot, 1 Scheibe, 30 g	78	327	Weißwein, öster-reich., Gewürz-traminer, Steiermark, 0,25 l	140	586
V Weiße Rüben	20	86			
V Weiße Rüben, 1000 g Einkauf	138	578			
F *Weisser Castello*, *Tholstrup*	420	1750			
Weißkohl, s. Weißkraut					
MV Weißkraut	25	105			
MV Weißkraut, 1000 g Einkauf	193	808			
Weißkrautsalat, *Nadler*	179	749			
Weißlacker, 45%	362	1515			

Nw = Nährwerte: E = viel Eiweiß – bevorzugt essen   F = viel Fett – vorsichtig essen
K = viele Kohlenhydrate – überlegt essen   M = viele Mineralstoffe – bevorzugt essen
V = viele Vitamine – bevorzugt essen   B = Ballaststoffe – gezielt essen

W

Nw		kcal	kJ	Nw		kcal	kJ
	Weißwein, öster-reich., Gumpolds-kirchner, 0,25 l	220	921	KB	Weizenkeim-Nudeln, *Halfinger*	370	1549
	Weißwein, schweiz., Aigle, 0,25 l i. D.	160	670	F	Weizenkeimöl	925	3872
	Weißwein, schweiz., Fendant, 0,25 l	167	699	F	Weizenkeimöl, 1 EL	83	347
	Weißwein, schweiz., Johannisberg, 0,25 l	174	728	B	Weizenkleie, *Dr. Kousa*	152	636
	Weißweincreme, *Dr. Oetker*, 1 Portion	151	635	B	Weizenkleie, *Dr. Kousa* 1 EL	8	33
F	Weißwurst, 1 Stück, 60 g	183	766	B	Weizenkleie-Tablet-ten, *Dr. Kousa*, 1 Stück	9	38
	Weißwurst, Münch-ner, *Herta*, 125 g	365	1525	K	Weizenmehl, *Schnitzer*	363	1520
	Weißwurst-Senf, *Thomy*, 1 TL	10	50	K	Weizenmehl, Type 405	368	1540
KB	Weizen, ganzes Korn	363	1519	K	Weizenmehl, Type 1050, *Steinmetz*	340	1423
	Weizenbier, 0,5 l	200	837	KB	Weizenmischbrot, 1 Scheibe, 40 g	104	435
	Weizenbier, alkohol-frei, *Waitzinger*, 0,5 l	110	460	KB	Weizenschrot	344	1440
	Weizendiät, *Dr. Ritters*	390	1633	KB	Weizenschrotbrot	250	1047
	Weizendiät, *Dr. Rit-ters*, 1 Portion, 40 g	156	653	KB	Weizenschrotbrot, 1 Scheibe, 40 g	100	419
KB	Weizenflocken	350	1465	KB	Weizenschrot-Zwieback, *Demeter*	420	1758
KB	Weizenflocken, 1 EL	26	109	KB	Weizenschrot-Zwieback, 1 Stück	42	176
KB	Weizengrieß	370	1549	K	Weizenstärke	368	1540
K	Weizenin, *Maizena*	350	485	K	Weizenstärke, 1 EL	55	230
K	Weizenin, *Maizena*, 1 EL	53	225	KB	Weizenvollkornbrot	241	1009
KB	Weizenkeimbrot, *Lieken*	213	892	KB	Weizenvollkornbrot, 1 Scheibe, 40 g	96	402
KB	Weizenkeimbrot, *Lieken*, 1 Scheibe, 40 g	85	356	FK	Wels	175	733
KB	Weizenkeime, *Dr. Ritters*	394	1649	FK	Wels, 200 g Einkauf	209	875
KB	Weizenkeime, *Dr. Ritters*, 1 EL	40	167		Wermut, süß, 5 cl	85	356
					Wermut, trocken, 5 cl	57	239
					Whiskey, Bourbon, 40%, 4 cl	115	481
					Whiskey, Irish, 40%, 4 cl	115	481

Nw	kcal	kJ	Nw	kcal	kJ
			K Würfelzucker	394	1649
Whisky, Malt, 43%, 4 cl	120	504	Würfelzucker, 1 Stück	12	50
Whisky, Scotch, 40%, 4 cl	100	419	Wurst, Würstchen, s. a. einzelne Sorten		
Whisky Sour, 5 cl	160	670	Wurstbrät, Kalb	287	1202
White Lady, 6 cl	190	795	F Wurstbrät, Schwein	364	1524
Whopper, BurgerKing, 1 Stück	540	2258	Würstchen (Dose) i. D.	243	1017
Wiener Becher, *chambourcy*, 125 g	145	610	Würstchen, »Du darfst«	200	840
Wiener, Diät-Fleisch-			MV Wurzeln	41	172
zubereitung, *Nuxo*	185	774	MV Wurzeln, 1000 g Einkauf	308	1289
Wiener Würstchen, 1 Paar, 70 g	208	871	Wurzelwerk	25	105
Wiener, Zarte			Würz-Hacksteaks, *Iglo* TK, 125 g	302	1256
»Du darfst«	190	785	MV Würzhefe, 1 EL	35	147
Wild, s. einzelne Arten			*Würzig-Knäckebrot, Wasa*, 1 Scheibe	33	141
E Wildente	124	519	Würz-Ketchup, *Kraft*, 1 EL	39	163
Wildfond	11	48	E Würzquark, 20%,		
E Wildgans	124	519	*Elite*, 1 EL	28	117
E Wildgeflügel i. D.	111	465			
Wild-Paté	301	1271			
K Wildreis, *Reis-fit*	343	1436			
E Wildschwein	113	473			
E Wildschwein, 1000 g					
Einkauf	883	3696			
B Wirsing (Wirz)	30	126			
B Wirsing, 1000 g					
Einkauf	216	904	Xylit, 10 g	40	167
MV Wirsing, Rahm-,			K Yamsmehl	317	1327
Langnese, 450 g	342	1431	Yamswurzel (Dose)	140	586
Wittling	72	301	F Yes Torty, i. D.,		
Wodka, 40%, 2 cl	45	188	1 Riegel	175	732
E Wolfsbarsch	89	374	Yofresh-Halbfett-		
V Wollmispel	95	398	margarine	374	1541
Wollwurst	290	1214	Yofresh-Brotauf-		
Worcestershiresauce	92	389	strich i. D.	207	850
Worcestershiresauce,			K Yoghurette, Ferrero	556	2327
1 Würzdosis	2	9	Yoghurette, 1 Riegel	70	293

XY

Nw = Nährwerte: E = viel Eiweiß – bevorzugt essen   F = viel Fett – vorsichtig essen
K = viele Kohlenhydrate – überlegt essen   M = viele Mineralstoffe – bevorzugt essen
V = viele Vitamine – bevorzugt essen   B = Ballaststoffe – gezielt essen

Z

Nw	kcal	kJ
E Zander	94	393
E Zander, 200 g Einkauf	92	385
Zartes Gartengemüse, *Rademann*	80	335
Zaziki, *Nadler*	148	620
Zazikisalat, *Nadler*	237	992
KB 10-Frucht-Müsli, *Dr. Oetker*, 1 Portion, 40 g	150	628
V Zeller	40	167
Zentis Dessertsauce – Frucht, 1 TL	25	105
Zentis Dessertsauce – Schoko, 1 TL	41	173
Zentis Dessertsauce – Vanille, 1 TL	15	62
Zentis Diät light Konfitüre extra, 1 TL	11	47
Zentis Extra Konfitüre, 1 TL	25	104
Zentis Nusspli-Nuß-Nougat-Creme, 1 TL	54	225
Zibärtli, 42%, 2 cl	42	176
Ziege	161	674
Ziege, 1000 g Einkauf	1304	5458
F Ziegenkäse i. D.	390	1633
E Ziegenlamm	127	532
E Ziegenlamm, 1000 g Einkauf	1001	4190
Ziegenmilch, 0,25 l	185	774
Ziegenweichkäse, 45%, *Heirler*, 1 Packung, 125 g	386	1616
Zigeunerfleisch mit Spätzle, *Diäko*	419	1771

Nw	kcal	kJ
Zigeuner-Hacksteak mit Gemüse, *Hipp-Diät*, 300 g	276	1167
Zigeuner-Sauce, *Thomy*, 1 EL	20	85
Zigeunertopf, *Homann*, 300 g	249	1042
K Zitronat	276	1155
V Zitrone, 1 Stück, 80 g	20	84
K Zitronen-Creme, Feine Waffeln, *Schneekoppe*	526	2198
Zitronenessig, 1 EL	1	4
K Zitronengelee, 1 TL	31	130
K Zitronenkuchen, »*Comtess*«, *Bahlsen*	450	1910
K Zitronen-Kuchen, BM, *Kraft*, 1 Stück	162	678
Zitronenkuchen, BM, *Dr. Oetker*	368	1564
V Zitronensaft, 1 EL	3	13
V Zitronensaft, 1 TL	1	4
Zitronensorbet, *Migros*	115	481
Zitronenwasser, 0,2 l	95	398
Zucchini	28	117
Zucchini, 500 g Einkauf	99	414
Zucchini-Soja-Pfanne, *Erasco*, 1 Portion	490	2051
Zucker, s. a. einzelne Sorten		
K Zucker	394	1649
K Zucker, 1 EL	79	331
K Zucker, 1 TL	26	109
Zuckeraustauschstoff	400	1674
Zuckererbsen	55	230
Zuckergurken	112	469
K Zuckerl, 1 Stück	20	84
Zuckermais	103	431
V Zuckermelone	52	218

Z

Nw	kcal	kJ	Nw	kcal	kJ
K Zuckerrübensirup, *Heirler*, 1 EL	51	123	K Zwieback	400	1674
Zürcher Geschnet- zeltes mit Spätzle, *Hipp-Diät*, 300 g	273	1143	K Zwieback, 1 Stück	40	167
			KB Zwieback, Weizen- schrot, 1 Stück	42	179
Zukrinet	0	0	Zwiebel	40	167
F Zunge, geräuchert, Aufschnitt	385	1612	Zwiebel, 1 Stück	20	84
Zunge, Kalb	134	561	FK Zwiebelecken, *Chio Chips*	540	2260
Zunge, Rind	223	933	Zwiebelrohr, grünes	38	159
Zunge, Schwein	240	1005	Zwiebelsauce, französische, *Maggi*, 60 g	40	160
F Zungenwurst i. D.	290	1214			
F Zungenwurst, *Herta*, 30 g	115	485	Zwiebelsuppe, *Knorr*, 1 Beutel	185	780
V Zwetschgen	62	260	Zwiebelsuppe, Französische, *Knorr*, 1 Dose	75	310
V Zwetschgen, 500 g Einkauf	292	1222			
K Zwetschgenmus, 1 TL	23	96	F Zwiebelwurst, gekochte, *Herta*, 30 g	150	640
Zwetschgenwasser, 40%, 2 cl	60	251			

Nw = Nährwerte: E = viel Eiweiß – bevorzugt essen   F = viel Fett – vorsichtig essen
K = viele Kohlenhydrate – überlegt essen   M = viele Mineralstoffe – bevorzugt essen
V = viele Vitamine – bevorzugt essen   B = Ballaststoffe – gezielt essen

Essen außer Haus

Gaststättengerichte, die Kuchen aus Bäckereien, der selbstgebackene Christstollen und die hausgemachten Nachtische, die man bei Freunden ißt, sind mit ihren Werten in dieser Tabelle aufgeführt. So können Sie in etwa auch kalkulieren, was Sie essen, wenn Sie nicht die Kalorienzahl eines Gerichts über die Zutaten präzise ausrechnen können. Beachten Sie, daß diese Angaben nur Anhaltswerte sind! Wenn nicht anders angegeben, beziehen sich die Werte jeweils auf eine Portion, wie sie in den üblichen Kochbüchern berechnet sind.

Zum Teil erfolgte die Berechnung auch in Anlehnung an die Rezepte großer Kantinen. Überarbeitet und aktualisiert wurde die Tabelle von der Deutschen Gesellschaft für Ernährung e. V. Zwar kann man mit diesen Werten keine exakte Abnehm-Diät einhalten; sie sind aber sehr nützlich für jeden, der nicht die Kontrolle über das, was er ißt, verlieren möchte. Bitte beachten Sie:

• Auf den folgenden Seiten stehen nur In-etwa-Angaben der Kalorien-Joule-Werte.
• In der Kantine, im Restaurant oder bei Freunden lieber weniger essen, wenn man abnehmen möchte!

Nw		kcal	kJ
A			
K Amerikaner, 1 Stück		240	1005
Apfel-Fenchel-Salat mit geräucherter Putenbrust		175	732
K *Apfel im Schlafrock*, 1 Stück		460	1926
K Apfelkrapfen, 1 Stück		170	712
K Apfelkuchen, gedeckt, 1 Stück		420	1758
Apfelküchle, 1 Stück		135	565
KF Apfelpfannkuchen, Stück		550	2302
KF Apfelstrudel, Blätterteig, 1 Stück		600	2512
K Apfelstrudel, Strudelteig, 1 Stück		565	2365
Apfeltasche, heiß, *McDonald's*, 1 Stück		300	1256
Apfeltasche, 1 Stück		270	1130
Aubergine, gefüllt, 1 Portion		460	1925
Auberginen-Kartoffel-Gratin		410	1715
Automatensuppe, klar, 1 Becher		10	42
FE Avocadohälfte, mit Krabben gefüllt		375	1570
B			
KF Backhendkl, Wiener, 1 Portion		570	2386
KB Backobstkompott, 1 Portion		200	837

Nw		kcal	kJ
K Baguette, 1 Stück, 150 g		390	1633
KB Baked Beans, 1 Portion		650	2721
MV Baked Potato, 1 Stück, 200 g		138	578
MV Baked Potato mit 2 EL saurer Sahne, 1 Stück, 200 g		200	837
Bami Goreng, 1 Portion		370	1549
Bauernfrühstück, 1 Portion		450	1884
K Baumkuchen, 1 Portion		360	1507
E Beefsteaks-Tatar, angemacht, 1 Portion		330	1381
K Berliner Pfannkuchen, 1 Stück		210	879
K Bienenstich, 1 Stück		390	1633
K Big, Sam's Quick, 1 Stück		367	1536
K Big Mac, 1 Stück		550	2310
K Big Wendy, 1 Stück		425	1779
VB Bircher-Benner-Müsli, 1 Portion		260	1088
K Birne »Helene«, 1 Portion		400	1674
K Biskuitrolle mit Creme, 1 Stück		350	1465
K Biskuitrolle mit Marmelade, 1 Stück		200	837
K Blätterteigpastete mit Ragout fin, 1 Stück		375	1570
V Blattspinat, gedünstet, 1 Portion		120	502
Blaubeerkompott, 1 Portion		160	670

Nw = Nährwerte: E = viel Eiweiß – bevorzugt essen   F = viel Fett – vorsichtig essen
K = viele Kohlenhydrate – überlegt essen   M = viele Mineralstoffe – bevorzugt essen
V = viele Vitamine – bevorzugt essen   B = Ballaststoffe – gezielt essen

Nw	kcal	kJ	Nw	kcal	kJ
F Bockwurst, 1 Stück, 120 g	350	1465	KF Brötchen mit Butter und Leberwurst, 1/2 Stück	210	879
V Bohnengemüse, 1 Portion	130	544	Brombeerkompott, 1 Portion	165	691
V Bohnensalat, 1 Portion	110	460	Brotsuppe, 1 Teller	250	1047
Bohnensuppe, serbisch, 1 Teller	425	1779	Buchweizen, gehüllt in Rotkohlblätter	625	2623
FE Bollito misto, 1 Portion	1200	5442	E Bündner Fleisch, 1 Portion, 75 g	200	837
Bouillabaisse, 1 Portion	500	2093	Bulette, gebraten, 1 Stück	275	1151
Bouillon mit Ei, 1 Tasse	120	502	F Butter, Hotelpackung, 20 g	155	652
E Brathähnchen, 1/2 Stück	350	1465	Butterbrot, 1 Scheibe	180	753
F Bratkartoffeln mit Butter, 1 Portion	300	1256	KF Buttercremetorte, 1 Stück	450	1884
F Bratkartoffeln mit Öl, 1 Portion	330	1381	K Butterkuchen, 1 Stück	285	1193
F Bratwurst (Kalb), 1 Stück, 150 g	430	1800	K Butterzopf, 1 Scheibe	215	900
F Bratwurst (Schwein), 1 Stück, 150 g	545	2281			
Bremer Fischfrikadelle, *Nordsee*, 1 Stück	333	1394	Café au lait, ohne Zucker, 1 Tasse	80	335
V Broccoligemüse, 1 Portion	130	544	Café au lait, mit 2 Stück Zucker, 1 Tasse	120	502
Broccoligratin	415	1737	F Camembert, gebacken, 1 Portion	530	2219
K Brötchen mit Butter, 1/2 Stück	110	460	K Cannelloni, 1 Portion	600	2512
K Brötchen mit Butter und Honig, 1/2 Stück	140	586	Cappuccino, 2 Stück Zucker, 1 Tasse	60	251
K Brötchen mit Butter und Käse, 30%, 1/2 Stück	170	712	Cevapčiči, 1 Portion	300	1255
K Brötchen mit Butter und Lachsschinken, 1/2 Stück	140	586	E Champignons, in Buttergeschmort, 1 Portion	180	753

C

Nw		kcal	kJ
E	Châteaubriand, 1 Portion, 200 g	550	2300
	Cheeseburger, 1 Stück	310	1298
	Chef-Salat, 1 Portion	322	1348
	Chicken McNuggets, 6 Stück	287	1201
MV	Chicoréesalat, mit Essig und Öl, 1 Portion	120	502
	Chili con carne, 1 Portion	575	2407
	Chinakohlgemüse, 1 Portion	170	712
	Chinakohlsalat, mit Essig und Öl, 1 Portion	155	649
	Chinsesisches Schweinefleisch, süß-sauer, 1 Portion	355	1486
	Chinesisches Hühnerfleisch *Peking*, 1 Portion	250	1047
K	Christstollen, 1 Scheibe, 60 g	165	690
K	Club Sandwich, 1 Stück	700	2930
	Consomé, 1 Tasse	15	63
	Cordon bleu, 1 Portion	500	2093
	Creme Caramel, 1 Portion	260	1088
FK	Cremetorte, 1 Stück	500	2093
	Crêpe, 1 Stück	140	586
	Crêpes Suzette, 1 Portion	520	2177
	Currycremesuppe mit Reis	95	398
F	Currywurst, 1 Stück	650	2721

Nw		kcal	kJ
D			
K	Dampfnudeln mit Vanillesoße, 1 Portion	770	3223
K	Double Hamburger, 1 Stück	325	1360
E			
K	Eclair mit Cremefüllung, 1 Stück	260	1088
	Eier im Glas, 2 Stück	170	712
	Eierpfannkuchen, 1 Stück	200	837
	Eiersalat, 1 Portion	350	1465
	Eierstich, 1 Portion	45	188
K	Eierteigwaren, Beilage, 1 Portion	235	983
	Eis mit heißen Himbeeren, 1 Portion	260	1088
F	Eisbecher mit Sahne und Früchten, 1 Becher	400	1674
MV	Eisbergsalat, mit Essig und Öl, 1 Portion	120	502
	Eiscreme-Soda, 1 Portion	415	1737
	Eiskaffee, Berliner, 1 Portion	160	670
	Eiskaffee, Wiener, 1 Portion	260	1088
	Eisschokolade, 1 Portion	240	1005

Nw = Nährwerte: E = viel Eiweiß – bevorzugt essen   F = viel Fett – vorsichtig essen
K = viele Kohlenhydrate – überlegt essen   M = viele Mineralstoffe – bevorzugt essen
V = viele Vitamine – bevorzugt essen   B = Ballaststoffe – gezielt essen

Nw	kcal	kJ	Nw	kcal	kJ
MV Endiviensalat, mit Essig und Öl, 1 Portion	120	502	Fischfilet, Kabeljau, paniert gebraten, 1 Portion	300	1265
K Englischer Kuchen, 1 Scheibe	300	1256	Fischfilet, Seelachs, paniert gebraten, 1 Portion	320	1340
F Entenbraten, 1 Portion	720	3014	Fischfrikadelle, 1 Stück	110	460
E Entrecôte double, 1 Portion, 200 g	230	1680	Fischmäc, 1 Stück	448	1875
K Erbspüree, 1 Portion	400	1674	Flädlesuppe, 1 Teller	100	419
Erdbeeren mit flüssiger Sahne, 1 Portion	230	963	Fleischbrühe, 1 Teller	30	126
Erdbeeren mit Schlagsahne, 1 Portion	170	712	Fleischfondue mit Soßen, 1 Portion	850	3558
K Erdbeerkuchen (Mürbteig), 1 Stück	250	1047	F Fleischkäse, warm, 1 Portion	400	1675
K Erdbeerroulade, 1 Stück	360	1507	Fleischlaibchen, 1 Stück	275	1151
K Erdbeertörtchen, 1 Stück	375	1570	Fleischpflanzl, 1 Stück	275	1151
			FB Florentiner, 1 Stück	300	1256
			Fondue chinoise, 1 Portion	500	2093
			E Forelle blau mit Butter, 1 Stück, 250 g	350	1465
			E Forelle Müllerin, 1 Stück, 250 g	450	1884
Falscher Hase, 1 Portion	470	1967	E Forellenfilet mit Meerrettichsahne, 1 Portion	210	879
E Fasan, gebraten, 1 Portion	530	2219	K Frankfurter Kranz, 1 Stück	620	2595
K Fastnachtskrapfen, 1 Stück	210	879	Frikadelle, gebraten, 1 Stück	275	1151
MV Feldsalat, mit Essig und Öl, 1 Portion	95	398	Frittatensuppe, 1 Teller	100	419
MV Fenchelgemüse, 1 Portion	100	419	KB Früchtebrot, 1 Scheibe	110	460
E Filet Wellington, 1 Portion	465	1946	KB Früchtekuchen, 1 Scheibe	180	753
E Filetsteak, 200 g	310	1298	Frühlingsrolle, 1 Stück	290	1214
Fisch-Gemüse-Pfanne	265	1112			

Nw		kcal	kJ
	G		
F	Gänsebraten, 1 Portion	800	3349
	Gänseklein, 1 Portion	600	2512
	Gazpacho, 1 Teller	190	795
	Geflügelsalat, 1 Portion	350	1465
	Gemischtes Eis, 1 Portion	240	1005
V	Gemüse, gebunden (Beilage), 1 Portion	180	753
V	Gemüse, in Butter (Beilage), 1 Portion	100	419
	Gemüse-Hack-fleisch-Bratling	350	1465
	Gemüselasagne	470	1967
	Gemüserisotto	290	1214
	Goldbarschfilet, paniert gebraten, 1 Portion	360	1509
K	Grießbrei, 1 Teller	330	1381
K	Grießflammeri, 1 Portion	350	1465
	Grießklößchen, 1 Stück	50	209
	Grießnockerl, 1 Stück	50	209
KF	Grießschmarrn, 1 Portion	520	2302
E	Grillhähnchen, 1/2 Stück	260	1088
	Grünkernsalat	105	439
B	Grünkohl mit Kasseler, 1 Portion	870	3642
FB	Grünkohl mit Pinkel, 1 Portion	1200	5023
MV	Gschwellti, 1 Stück	85	355

Nw		kcal	kJ
K	Guglhupf, 1 Stück	435	1821
	Gulasch, 1 Portion i. D.	500	2093
	Gulaschsuppe, 1 Teller	350	1465
	Gurkensalat, mit Sahne, 1 Portion	110	460
	H		
	Hackbraten mit Soße, 1 Portion	410	1716
	Hackfleischsoße, 1 Portion	360	1507
E	Hähnchen, gegrillt, 1/2 Stück	260	1088
	Hähnchenbrust, geschnetzelt	490	2050
E	Halve Hahn, 1 Stück	340	1423
	Ham and Eggs, 1 Portion	380	1591
	Hamburger, 1 Stück	260	1088
F	Hamburger Aal-suppe, 1 Teller	700	2930
K	Hamburger Royal, 1 Stück	427	1787
	Handkäs mit Musik, 1 Portion	175	733
	Happy Mäc Shake, 1 Portion	320	1344
	Hasenpfeffer, 1 Portion	480	2009
E	Hasenrücken, 1 Portion	420	1758
K	Hefeteilchen mit Guß, 1 Stück	175	733

Nw = Nährwerte: E = viel Eiweiß – bevorzugt essen   F = viel Fett – vorsichtig essen
K = viele Kohlenhydrate – überlegt essen   M = viele Mineralstoffe – bevorzugt essen
V = viele Vitamine – bevorzugt essen   B = Ballaststoffe – gezielt essen

Nw		kcal	kJ	Nw		kcal	kJ
K	Hefezopf, gefüllt, 1 Scheibe	205	858	F	Käsefondue, 1 Portion mit Brot	1200	5023
	Heidelbeerkompott, 1 Portion	160	670	K	Käsekuchen, 1 Stück	410	1716
K	Heidesandplätzchen, 1 Stück	55	230	KF	Käsesahnetorte, 1 Stück	435	1821
E	Heilbutt, gegrillt, 1 Portion	320	1340	K	Käsetoast mit Schinken, 1 Stück	300	1256
K	Himbeerkuchen (Biskuit), 1 Stück	200	837	K	Käsetoast mit Tomate, 1 Stück	230	936
K	Himbeersahneroulade, 1 Stück	340	1423		Kaffee mit Kondensmilch, 1 Tasse	20	84
F	Himmel und Erde, 1 Portion	890	3726		Kaffee mit Kondensmilch und 2 Stück Zucker, 1 Tasse	60	251
E	Hirschsteak, 1 Portion	525	2198		Kaffee mit EL Milch und 1 TL Zucker, 1 Tasse	30	126
	Hollandaise, 1 EL	110	460				
K	Honigkuchen, 1 Stück	245	1026		Kaiser-Melange, 1 Portion	185	774
	Honigrippchen, gegrillt, 1 Portion	650	2721	KF	Kaiserschmarrn, 1 Portion	550	2302
K	Hot Dog, 1 Portion	480	2009	E	Kalbsbraten, 1 Portion	300	1256
					Kalbsbrust, gefüllt, 1 Portion	595	2491
					Kalbsfrikassee, 1 Portion	480	2009
	Irish Coffee (4 cl Whisky), 1 Portion	200	837		Kalbsgulasch, 1 Portion	430	1800
	Jägerschnitzel, 1 Portion	475	1988	E	Kalbshaxe, gebraten, 1 Portion	350	1465
	Jungfernbraten, 1 Portion	550	2302	E	Kalbsleber, Berliner Art, 1 Portion	300	1256
				E	Kalbsschnitzel, natur, fritiert, 1 Stück, 125 g	160	670
				E	Kalbsschnitzel, natur, gebraten, 1 Stück, 125 g	250	1047
	Kabeljaufilet auf Blattspinat	350	1464		Kalbsschnitzel, paniert, fritiert, 1 Stück, 125 g	450	1884
	Käsebrot, 1 Stück	380	1591				

IJ

K

Nw		kcal	kJ	Nw		kcal	kJ
	Kalbsschnitzel, paniert, gebraten, 1 Stück, 125 g	480	2009	K	Kirschenmichel, 1 Portion	450	1884
E	Kalbssteak, 1 Stück, 125 g	230	963	K	Kirschkuchen, versunken, 1 Stück	250	1047
	Kalbszunge in Kapernsoße, 1 Portion	410	1716	KB	Kletzenbrot, 1 Scheibe	190	795
	Karamelcreme, 1 Portion	265	1109	K	Knöpfli, 1 Portion	200	837
MV	Karotten, Beilage, 1 Portion	150	628	K	Königinpastetchen, 1 Stück	375	1570
E	Karpfen blau mit Butter, 1 Portion	550	2302		Königsberger Klopse mit Soße, 1 Portion, 4 Stück	420	1758
	Karpfen, gebacken, 1 Portion	610	2553	K	Königskuchen, 1 Stück	410	1716
MV	Kartoffel in Folie, 1 Stück, 200 g	140	586	K	Kopenhagener Schnecken, 1 Stück	200	837
	Kartoffel-Bohnen-Gericht, mexika-nisch	125	523	MV	Kopfsalat mit Joghurt, 1 Portion	60	251
	Kartoffelbrei, haus-gemacht, 1 Portion	150	628	MV	Kopfsalat mit Öl, 1 Portion	100	419
	Kartoffelgratin »Nizza«	530	2217		Kosakenblut, 1 Portion	205	858
	Kartoffelkroketten, hausgemacht, 1 Stück	130	544	F	Krabbencocktail, 1 Portion	300	1256
	Kartoffelküchlein, 1 Stück	75	314	K	Kräppelchen, 1 Stück	210	879
				K	Krapfen, 1 Stück	210	879
	Kartoffelsalat, klar, 1 Portion	270	1130	V	Krautsalat, 1 Portion	260	1088
					Krensoße, 1 EL	75	314
F	Kartoffelsalat mit Mayonnaise, 1 Portion	490	2051				
					L		
F	Kartoffelsuppe mit Wurst, 1 Teller	610	2553	F	Labskaus, 1 Portion	820	3433
	Kasseler Rippen-speer mit Sauer-kraut, 1 Portion	560	2344		Lammbraten, 1 Portion	600	2512
				E	Lammchops, gegrillt, 2 Stück, 160 g	490	2051
				K	Lasagne, 1 Portion	1200	5023

Nw = Nährwerte: E = viel Eiweiß – bevorzugt essen   F = viel Fett – vorsichtig essen
K = viele Kohlenhydrate – überlegt essen   M = viele Mineralstoffe – bevorzugt essen
V = viele Vitamine – bevorzugt essen   B = Ballaststoffe – gezielt essen

Nw		kcal	kJ
	Lauchauflauf	685	2867
F	Leberkäs, warm, 1 Portion	400	1674
	Leberknödelsuppe, 1 Teller	320	1340
F	Leberwurst (zum Heißmachen), 1 Ring	950	3977
V	Leipziger Allerlei, 1 Portion	200	837
K	Liebesknochen, 1 Stück	265	1109
KB	Linsensuppe mit Wurst, 1 Teller	900	3767
K	Linzer Torte, 1 Stück	500	2093

M

Nw		kcal	kJ
K	Marmorkuchen, 1 Stück	295	1235
F	Matjesfilet, Hausfrauenart, 1 Portion	685	2867
	McDonald's Menue (6 Chicken McNuggets, Chefsalat mit Haus-Dressing, 0,25 l Coke light)	638	2671
	McRib, 1 Portion	490	2051
	Meerrettichsahne, 1 EL	40	167
	Meerrettichsoße, 1 EL	75	314
K	Mehlklöße, 1 Stück	220	921
	Melone mit Schinken, 1 Portion	210	879
	Milchkakao, 1 Tasse	195	816
	Milchshake, Vanille, 0,3 l	389	1628

Nw		kcal	kJ
	Minestrone, 1 Teller	380	1591
	Mischsalat mit Kürbiskernen	70	293
E	Mixed Grill, 1 Portion	350	1465
KF	Mokkacremetorte, 1 Stück	450	1884
KF	Mohnstollen, 1 Stück	360	1507
KF	Mohntorte, 1 Stück	310	1298
K	Mohrenkopf mit Sahne, 1 Stück	240	1005
	Moussaka, 1 Portion	615	2574
K	Mousse au chocolat, 1 Portion	240	1005

N

Nw		kcal	kJ
K	Napfkuchen, 1 Stück	380	1591
	Nasi Goreng, 1 Portion	450	1884
E	Naturschnitzel, 1 Stück, 125 g	250	1047
K	Nidelwähe, 1 Stück	260	1088
	Nieren, geschnetzelt, 1 Portion	450	1884
	Nizza-Salat, 1 Portion	270	1130
K	Nudeln, Beilage, 1 Portion	195	820
	Nudeln mit Spinat-Gorgonzola-Soße	425	1778
K	Nürnberger Lebkuchen, 1 Stück	125	523
K	Nußkuchen, 1 Stück	390	1633
K	Nußplätzchen, 1 Stück	100	419
K	Nußtorte, 1 Stück	410	1716

Nw	kcal	kJ	Nw	kcal	kJ
O			Paprikaschote, gefüllt, 1 Portion mit Sauce	500	2093
			Peking-Ente, 1 Portion	900	3767
K Obstkuchen (Biskuitteig), 1 Stück	200	837	K Petits fours, 1 Stück	90	377
K Obstkuchen (Hefeteig), 1 Stück	200	837	K Pfannkuchen, 1 Stück	200	839
K Obstkuchen (Mürbeteig), 1 Stück	250	1047	K Pfeffernüsse, 1 Stück	35	147
K Obstkuchen (Rührteig), 1 Stück	250	1047	E Pfeffersteak, 1 Stück, 200 g	315	1319
KF Obstsahnetorte, 1 Stück	360	1507	Pfirsich-Melba, 1 Portion	340	1423
V Obstsalat, 1 Portion	150	628	Pflaumenkompott, 1 Portion	115	481
V Obstsalat mit Kirschwasser, 1 Portion	205	856	K Pflaumenkuchen, 1 Stück	370	1549
K Obsttörtchen mit Sahne, 1 Stück	380	1590	Pharisäer, 1 Tasse	265	1109
K Obsttorte, 1 Stück	310	1298	Pichelsteiner, 1 Portion	490	2051
Ofen-Kartoffeln mit Broccoli-Schinken-Dip	310	1298	E Pilzragout, 1 Portion	305	1277
Omelett von 1 Ei	105	439	Pilzsuppe, 1 Teller	365	1528
Omelett von 2 Eiern, mit Spargel	300	1256	K Pizza, hausgemacht, 1 Portion	650	2721
Omelett surprise, 1 Portion	400	1674	K Pizza, Imbiß, 1 Stück	250	1047
			K Plunderhörnchen, gefüllt, 1 Stück	250	1047
P			Pommes frites, 1 Portion	330	1381
			K Porridge, englisch, 1 Portion	400	1674
			K Prinzregententorte, 1 Stück	395	1653
K Palatschinken, gefüllt, 1 Stück	370	1549	E Pute mit Soße, 1 Portion	640	2679
Paprikaschnitzel, 1 Portion	410	1716	Putenschnitzel, paniert	370	1548

Nw = Nährwerte: E = viel Eiweiß – bevorzugt essen   F = viel Fett – vorsichtig essen
K = viele Kohlenhydrate – überlegt essen   M = viele Mineralstoffe – bevorzugt essen
V = viele Vitamine – bevorzugt essen   B = Ballaststoffe – gezielt essen

Nw	kcal	kJ
Q		
E Quarkauflauf mit Obst, 1 Portion	265	1109
K Quarkkuchen, 1 Stück	410	1716
K Quarkstollen, 1 Scheibe	300	1256
K Quarktorte, 1 Stück	435	1821
K Quiche Lorraine, 1 Stück	300	1256
K Quiche Tatar, 1 Stück	180	753
R		
F Raclette, 1 Portion	815	3412
V Radicchiosalat, 1 Portion	110	460
E Räucherlachs, 1 Portion, 100 g	195	816
Ragout fin, überbacken, 1 Portion	250	1047
Rahmschnitzel, 1 Portion	585	2449
V Rahmspinat, 1 Portion	115	481
V Ratatouille, 1 Portion	260	1088
Rehragout, 1 Portion	440	1842
E Rehrücken, 1 Portion	675	2826
K Rehrücken (Kuchen), 1 Stück	420	1758
K Reis, gekocht, 1 Portion	190	795
Reiscurry mit Kürbiskernen	405	1701
K Reis Trautmannsdorff, 1 Portion	390	1633
F Remoulade, 1 EL	150	628

Nw	kcal	kJ
Rhabarberkompott, 1 Portion	215	900
K Rhabarberkuchen (Mürbeteig), 1 Stück	295	1235
Rindergulasch, 1 Portion	450	1884
Rindfleischsuppe mit Einlage, 1 Teller	70	293
Rindsroulade, geschmort, 1 Portion	630	2637
EF Roastbeef, kalt, mit Remoulade, 1 Portion, 100 g	350	1465
E Roastbeef, warm, mit Soße, 1 Portion, 200 g	420	1758
K Rodonkuchen, 1 Stück	250	1047
Röstli, 1 Portion	340	1423
Röstkartoffeln, 1 Portion	300	1256
K Roggenburger (Kochlöffel), 1 Stück	414	1733
K Rohrnudeln, 1 Stück	260	1088
B Rosenkohl, 1 Portion	77	322
Rote-Bete-Salat, 1 Portion	80	335
Rote Grütze, 1 Portion	310	1298
Rote-Rüben-Salat, 1 Portion	80	335
K Rüblitorte, Schweizer, 1 Stück	350	1465
Rührei mit Schinken, 1 Portion	450	1884
Rührei, 1 Portion	250	1046
K Rührkuchen, 1 Stück	220	921
E Rumpsteak mit Fettrand, 1 Portion, 150 g	560	2344
F Russische Eier, 1 Portion	400	1674

S

Nw		kcal	kJ
K	Sachertorte, 1 Stück	300	1256
	Salat Niçoise, 1 Portion	270	1130
K	Salzburger Nockerl, 1 Portion	400	1674
MV	Salzkartoffeln, 1 Portion	140	586
	Samtsoße, 1 Portion	160	670
K	Sandkuchen, 1 Scheibe	260	1088
	Sauce béarnaise, 1 Portion	220	921
	Sauce hollandaise, 1 Portion	345	1444
	Sauce vinaigrette, 1 Portion	190	795
	Sauerbraten, Hamburger, 1 Portion	410	1716
	Sauerbraten, Rheinischer, 1 Portion	500	2093
V	Sauerkraut, 1 Portion	250	1047
K	Savarin mit Erdbeeren, 1 Stück	320	1340
EF	Scampi mit Remoulade, 1 Portion	300	1256
E	Scampi, gebacken, mit Sauce Tatar, 1 Portion	380	1591
	Scharf-sauer-Suppe, 1 Tasse	120	502
	Schaschlik, 1 Spieß	320	1340
K	Schaumrollen, 1 Stück	310	1298
K	Schillerlocke, Gebäck, gefüllt, 1 Stück	310	1298

Nw		kcal	kJ
	Schinkenbrot, 1 Stück	325	1360
K	Schinken-Käse-Hörnchen, 1 Stück	420	1758
F	Schlachtplatte mit Sauerkraut, 1 Portion	1500	6279
F	Schlagsahne, 1 Portion	140	586
F	Schnecken mit Butter, 6 Stück	250	1047
K	Schnecken, gefülltes Gebäck, 1 Stück	270	1129
	Schokoladengetränk, 0,25 l	255	1067
K	Schokoladenkonfekt, 1 Stück	100	419
K	Schokoladentorte, 1 Stück	400	1674
E	Scholle mit Speck, 1 Portion	525	2198
K	Schwarzwälder Kirschtorte, 1 Stück	350	1465
K	Schwarzweiß-Gebäck, 1 Stück	70	293
E	Schweinebraten, Aufschnitt, mager, 1 Portion, 150 g	350	1465
	Schweinebraten mit Soße, 1 Portion	760	3181
	Schweinegulasch, 1 Portion	750	3140
	Schweinekotelett, natur, 1 Portion, 125 g	440	1842
	Schweinekotelett, paniert, 1 Portion, 125 g	580	2386
	Schweineschnitzel, natur, gebraten, 1 Portion, 125 g	330	1381

Nw = Nährwerte: E = viel Eiweiß – bevorzugt essen   F = viel Fett – vorsichtig essen
K = viele Kohlenhydrate – überlegt essen   M = viele Mineralstoffe – bevorzugt essen
V = viele Vitamine – bevorzugt essen   B = Ballaststoffe – gezielt essen

Nw		kcal	kJ
	Schweineschnitzel, paniert, gebraten, 1 Portion, 125 g	590	2470
F	Schweinshaxe, bayerisch, 1 Portion	655	2742
F	Schweinswürstchen, 1 Paar, 70 g	255	1067
F	Schweizer Wurstsalat, 1 Portion	530	2219
	Seelachs-Filet, gedämpft	260	1088
	Seelachs-Filet, paniert, gebraten, 1 Portion	500	2093
	Seezunge, paniert, gebraten, 1 Portion	500	2093
E	Seezungenfilets in Weißwein, 1 Portion	390	1633
MV	Selleriesalat, 1 Portion	150	628
K	Semmelknödel, 1 Stück	165	691
	Sorbet (verschiedene Früchte), 1 Portion	200	840
K	Spätzle, 1 Portion	200	837
K	Spaghetti Bolognese, 1 Portion	650	2721
K	Spaghetti mit Tomatensoße, 1 Portion	550	2302
MV	Spargel mit Butter, 1 Portion	275	1151
	Spiegeleier, 2 Stück	250	1046
F	Spiegeleier auf Speck, 2 Stück	380	1591
V	Spinat, 1 Portion	120	502
K	Springerle, 1 Stück	40	167
K	Spritzgebäck, 1 Stück	45	188
K	Spritzkuchen, 1 Stück	130	544
	Stachelbeerkompott, 1 Portion	200	837
K	Stollen, 1 Scheibe, 60 g	264	1105

Nw		kcal	kJ
K	Streuselkuchen, 1 Stück	300	1256
K	Striezel, 1 Stück	200	837
	Sugo mit Fleisch, 1 Portion	360	1507
	Suppen, gebunden, 1 Teller	300	1256
	Suppen, klar, mit Einlage, 1 Teller	200	837
F	Surhaxe mit Sauerkraut, 1 Portion	850	3558
	Szegediner Gulasch, 1 Portion	480	2009

T

Nw		kcal	kJ
E	Tafelspitz, 1 Portion	320	1340
E	Tatar, angemacht, 1 Portion	330	1381
E	Taube, gefüllt, 1 Stück	320	1340
	Tee mit Kandis, 1 Tasse	20	84
	Tee mit 1 EL Milch, 1 Tasse	10	42
	Tee mit 1 TL Zitrone, 1 Tasse	2	8
	Tee mit 1 TL Zucker, 1 Tasse	19	79
K	Teigwaren, Beilage (= 60 g roh), 1 Portion	235	983
K	Teigwaren, Hauptgericht (= 100 g roh), 1 Portion	390	1633
	Tellerfleisch, 1 Portion	445	1863
	Thunfischsalat, 1 Portion	300	1256

Nw		kcal	kJ
	Tintenfisch in Bierteig	240	1003
	Tirami su, 1 Portion	440	1848
K	Tiroler Speckknödel, 2 Stück	410	1716
K	Toast Hawaii, 1 Stück	305	1277
	Tomatencremesuppe, 1 Teller	245	1025
MV	Tomatensalat, 1 Portion	130	544
	Topfen-Palatschinken, 1 Stück	295	1235
K	Tortelett, 1 Stück	125	523
	Tortellini in Sahnesoße, 1 Portion	600	2512
	Trinkschokolade, 1 Tasse	180	753
	Türkischer Mokka, 1 Täßchen	35	147

V

Nw		kcal	kJ
K	Vanillekipferl, 1 Stück	55	230
	Vanillesoße, 1 EL	15	63
	Verlorene Eier, 1 Portion	225	942
	Viertelpfünder, 1 Stück	420	1764
	Vinaigrette, 1 Portion	190	795
	Vollkornlasagne	526	2202
	Vollkornnudeln mit Lachssoße	631	2641
	Vollkornlauchkuchen	197	825

W

Nw		kcal	kJ
K	Waffel, gebacken, 1 Stück	200	837
F	Waldorfsalat, 1 Portion	420	1758
F	Weinbergschnecken mit Butter, 6 Stück	250	1047
	Weinblätter, gefüllt, 1 Portion	240	1005
	Weiße Grundsoße, 1 Portion	120	502
F	Weißwürste, 2 Stück	365	1528
K	Welsh rarebits, 1 Portion	320	1340
K	Whopper, *Burger King*, 1 Stück	540	2260
	Wiener Backhendl, 1 Portion	570	2386
	Wiener Schnitzel (Kalb, fritiert), 1 Portion, 125 g	480	2009
F	Wiener Würstchen, 1 Paar, 70 g	210	879
E	Wildgulasch, 1 Portion	370	1549
E	Wildschweinkeule, 1 Portion	430	1800
K	Windbeutel mit Sahne, 1 Stück	260	1088
B	Wirsingeintopf, 1 Portion	745	3119
B	Wirsinggemüse (Beilage), 1 Portion	185	774
F	Wurstsalat, 1 Portion	465	1946

Nw = Nährwerte: E = viel Eiweiß – bevorzugt essen   F = viel Fett – vorsichtig essen
K = viele Kohlenhydrate – überlegt essen   M = viele Mineralstoffe – bevorzugt essen
V = viele Vitamine – bevorzugt essen   B = Ballaststoffe – gezielt essen

Nw		kcal	kJ	Nw		kcal	kJ
				K	Zwetschgendatschi, 1 Stück	180	753
Z				K	Zwetschgenknödel, 1 Stück	225	942
	Zabaione, 1 Portion	190	795		Zwetschkenröster, 1 Portion	115	481
K	Zimtstern, 1 Stück	75	314	K	Zwiebelkuchen, Badischer, 1 Stück	170	712
	Zucchini, gefüllt	280	1176				
	Zucchinigemüse, 1 Portion	175	733		Zwiebelrostbraten, 1 Portion	525	2198
	Zucchinisuppe	48	202		Zwiebelsuppe, französische, 1 Tasse	200	837
	Zürcher Kalbsgeschnetzeltes, 1 Portion	385	1612				

Nw = Nährwerte: E = viel Eiweiß – bevorzugt essen   F = viel Fett – vorsichtig essen
K = viele Kohlenhydrate – überlegt essen   M = viele Mineralstoffe – bevorzugt essen
V = viele Vitamine – bevorzugt essen   B = Ballaststoffe – gezielt essen

Achtung: Dickmacher

Süßigkeiten, Kuchen, Snacks

Schokolade
560 kcal/2344 kJ pro 100 g
93 kcal/391 kJ pro Rippe

Schokoriegel
200 kcal/837 kJ pro Stück
(ca.40 g)

Schoko-Kugeln
270 kcal/1125 kJ pro 50 g

Erdnußflips
265 kcal/1109 kJ pro 50 g

Sandkuchen
260 kcal/1088 kJ pro Scheibe

Salzkräcker
200 kcal/837 kJ pro 50 g

Kartoffelchips
275 kcal/1150 kJ pro 50 g

Fast Food

Pommes Frites
330 kcal/1381 kJ pro 150 g

Big Mäc
535 kcal/2238 kJ pro Stück

Hamburger
260 kcal/1088 kJ pro Stück

Bratwurst
545 kcal/2280 kJ pro Stück

Currywurst
650 kcal/2720 kJ pro Stück

Cheeseburger
305 kcal/1276 kJ pro Stück

Getränke

Cola
145 kcal/607 kJ pro 0,33 Liter

gesüßte Fruchtmilch
170 kcal/703 kJ pro 200 ml

Kakao
235 kcal/985 kJ pro 250 ml

Pils
145 kcal/607 kJ pro 0,33 Liter

Limonade (mit Zucker)
160 kcal/669 kJ
pro 0,33 Liter

Rotwein
140 kcal/586 kJ
pro 200 ml

Cognac
50 kcal/209 kJ
pro 2 cl

Mahlzeiten

Spaghetti alla carbonara
740 kcal/3969 kJ
pro Portion

Pizza
650 kcal/2720 kJ
pro Portion

Wiener Schnitzel
480 kcal/2009 kJ
pro 125 g-Portion

Hähnchen, gegrillt
520 kcal/2176 kJ